KB200498

언제부터
사람이
미워졌습니까

공감불능 시대의 마음 탐구

언제부터
사람이
미워졌습니까

박선화 지음

한길사

차례

1

울분사회를 살아가는 우리에게

2

공감불능 시대의 다정한 위로

적절한 공존의 거리

나를 이해하는 시간

언제부터 사람이 미워졌습니까

• 프롤로그

손찌검을 한 이유

기업에 입사하고 몇 해가 지난 어느 날, 직원들 사이에 당혹스러운 소문이 빠르게 퍼지고 있었다. 선배 여직원이 후배 여직원의 뺨을 때리며 군기를 잡으려 했으나 끝까지 반항했다는 내용이었다. 폭력까지 동원될 정도의 갈등의 원인은 어이없게도 유니폼 착용의 문제였다.

입사했을 무렵 내가 근무하던 사업부의 여성 직원들은 모두 유니폼을 입고 있었다. 당시에는 그룹 전체에 대졸 여성이 거의 없었고, 대개 상고 출신의 경리 직원이 부서에 한 명씩 배치되어 있었는데, 내근직이다 보니 유니폼 착용이 규정화되어 있었다. 시장 조사 같은 외근이 많았던 내게는 자유복장이 허용되었지만, 자의로 유니폼을 신청해서 내근을 할 때는 같은 옷을 입고 근무했다. 그렇게 하는 것이 위화감을 줄이는 방법이라고 판단했다.

시간이 지나며 대졸 여성 직원들이 하나둘 늘어났다. 대부분 내근직이라 유니폼을 입게 하자 이에 대한 불만이 표출되었다. 같은 대졸인데 왜 남성 대졸 직원들과 달리 자유복장을 허락하지 않느냐는 것이었다. 처음 대졸 여성을 채용하기 시작한 회사에서도 명확한 지침이 없다 보니 이들 중에도 유니폼을 입는 이들과 사복을 입는 이들이 나뉘었다. 이런 모습이 경리 직원들이 보기엔 대졸이라는 이유로 질서를 무시하는 행동으로 보였고, 선배들이 몇 번 주의를 주었지만 받아들여지지 않자 감정적 대응으로 치달은 사건이었다.

오랜 시간이 흐른 일이지만, 나는 종종 세상에서 일어나는 수많은 이슈 속에서 오로지 정답은 한 가지뿐이고 갈등에는 반드시 악인이 있다고 믿는 사람들을 볼 때 이 일을 떠올린다. 당시 그 사건에 악인이 있었을까. 돌아보면 폭력을 썼다는 점만 제외하면 모두에게 그 시기, 그 위치에 맞는 이유와 명분이 있었다. 대졸 여직원들 입장에서는 자신들이 여성으로 분류되기보다는 대졸 직장인으로서의 대우를 받는 것이 정당하다고 느꼈을 것이기에 필요한 목소리였다. 반면 대졸 여직원들이 유니폼을 거부함으로써 경리 여직원들은 계급성을 각성하게 되었을 것이다. 이런 상황을 우려해 나는 유니폼을 자발적으로 입었지만, 더 이상 한 사람의 불편함 감수로는 문제가 해결되지 못할 상황이 시작된 것이다.

세상은 늘 변화하고 그때마다 새로운 해법을 필요로 한다. 얼마간의 시간이 지난 뒤 유니폼은 사라졌다. 각자 더 나은 방법을 추구했으나 제도와 인식이 불충분하고 합의되지 않은 시기였기에 돌출된 문제였다고 생각한다.

서로 다른 우주엔 통역이 필요하다

최근 SBS에서 인기리에 방송된 이혼전문 변호사들의 이야기를 다룬 드라마 「굿파트너」에는 부부 중 한쪽을 변호하기보다 통역을 해드려야 할 것 같다는 대사가 나온다. 수많은 부부의 이혼 사유도 알고 보면 제대로 소통하지 못해서 오는 오해의 문제가 많다는 이야기다. 오해가 누적되면 미움과 원망이 쌓이고 서로의 냉대가 지속되면 분노와 적의로 변한다. 함께하던 이들이 양분되거나 갈라지고 어느 순간 세상에서 사라져야 할 걸림돌이나 적으로 규정된다.

이러한 분노의 상승작용을 실감나게 보여주는 영화가 2022년 유수의 세계 영화제에서 주요 상들을 수상한 「이니셰린의 밴시」다. 영혼의 단짝이던 두 친구가 사소한 일로 감정이 쌓이고 갈등이 깊어지다가 결국 극단적인 상황까지 가게 되는 과정을 보여주는데, 동족상잔의 비극인 아일랜드 내전의 은유라고 해석된다.

서로 아끼고 도움을 주어야 할 직장 선후배가 자신들의 잘못이라 할 수도 없는 제도적 문제로 손찌검까지 하게 된 일도 이와 유사할 것이다. 더 나쁜 것은 이러한 갈등을 부추기는 사람들이다. 「굿파트너」는 아름다운 마음씨의 변호사들을 보여주지만 현실은 반드시 그렇지만은 않다. 어떤 이들은 금전적 이익이나 권력을 얻기 위해, 혹은 누군가에 대한 질투나 비틀린 마음 때문에 타인의 갈등을 부추기고 방관하기도 한다. 개인을 넘어 수많은 사회적 갈등은 이렇게 점화되어 혐오와 폭력이라는 거대한 화마로 변화한다.

사람들이 점차 여유가 없어지고 마음도 거칠어지고 있음을 느끼는 이들이 많다. 자살률이나 우울증 수치는 물론 분노사회·울분사회에 대한 표현이 많아지는 것만 보아도 알 수 있다. 누구의 잘못일까. 원인도 시작도 정확히 모르니 나와 생각이 다른 누군가를 지목하고 조리돌리거나 린치를 가한다. 말로, 글로, 행동으로, 개인적으로, 집단적으로.

하지만 이것은 해법이 아닌 것 같다. 수학의 정석과 해법이 있듯 관계의 정석과 해법도 있다. 수학보다 훨씬 어렵고 오랜 시간이 걸리긴 하지만 인간의 역사는 끊임없이 더 나은 방법을 찾아온 발자취이기도 하다. 시대의 변화로 인해 발생한 유니폼 사건처럼 구체적으로 들여다볼 것은 제도의 미비나 보완점이고, 각자의 언어로 서로 다르게 표현되는 개선하고 싶은 마음과 상황을 이해하는 노력일 것이다. 서로를 불신하며 파편화시키다보면 개인간의 문제든 사회적 문제든 해결되지 않고 모두가 외로움과 불안 속으로 빠져드는 세상이 되기 때문이다.

이 책은 세상을 살아가며 피할 수 없는 무수한 문제 중 우리의 삶 가까이에서 자주 마주칠 수 있는 이야기들을 담았다. 자신의 성향과 세상을 바라보는 프레임이 타인과 어떻게 다른지, 우리 스스로 버리지 못한 편견이나 습성은 없는지, 아직 모르고 있지만 꼭 알아야 할 세상의 속사정은 무엇인지, 더 나은 삶을 위해 한 번 더 생각해볼 것은 무엇인지를 고민하며 담은 내용들이다. 모두가 남 탓과 세상 탓을 하는 사회가 되어가지만 그 모두는 바로 우리 자신이기도 하다. 악인들의 출몰 이전에 다수가 악인화되어가는 구조에 대해 생각하고 서로를 조금 더 이해하는 시간이 되길 바란다.

2024년 9월
박선화

1

울분사회를 살아가는 우리에게

선한 늑대에게 먹이 주기

악성 뉴스의 위험성

종종 정제되지 않은 뉴스와 들끓는 SNS 속에서 길을 잃는다. 가슴 아프고 어이없는 뉴스들만으로도 힘든데 SNS 이용자들의 망언까지 더해지면 마음이 황폐해진다. 원망과 미움의 감정에 구속되는 것은 누구보다 내 자신의 정신건강에 해롭다는 것을 깨달은 지 오래다. 이럴 때는 흥분상태에 빠진 소셜 미디어와 잠시 거리를 두고 좀더 근원적인 고민을 하는 이들의 생각을 책이나 칼럼 등에서 접하며 정신을 가다듬는다.

네덜란드의 저널리스트 뤼트허르 브레흐만은 저서 『휴먼카인드』에서 악성 뉴스의 위험성을 경고한다.

그는 세상의 거의 모든 뉴스들이 인간의 어두운 부분에 과도한 스포트라이트를 비춘다고 지적한다. 일례로 뉴올리언스를 강타한 태풍 카트리나로 도시가 위기에 빠졌을 때, 뉴스들은 폭도와 약탈, 강간과 총격사건 등을 연이어 보도했다. 은폐되었던 친절한 이웃들의 추악한 민낯이 만천하에 드러나는 말 그대로 무간지옥의 모습이었다. 태풍보다 더 공포스러운 것은 서로가 서로에게 느끼는 절망이었을 것 같다. 그러나 시간이 지나 확인해보니 많은 소문이 지나치게 왜곡되고 과장되어 있었다. 피난처의 사망자 중 다수는 자연사였다. 일부 약탈도 있었으나 평상시의 범죄율과 크게 차이나는 것도 아니었다. 오히려 사람들은 그 어느 때보다 서로를 도왔고 스스로 구조대를 만들어 필요한 물품이나 약품들을 나눴으며 자발적인 자선과 용기 있는 행동도 넘쳐났다.

뉴스들의 공포심 자극은 선한 행동을 늦추고 방해하는 데 기여했을 뿐이다. 드러난 이슈를 심층적으로 이해하고 해결하기 위한 취재보다 진영갈등, 젠더갈등, 계급갈등만 부추기는 언론들, 연예인이나 유명인의 사생활을 지나치게 말초적으로 보도하며 비극으로 몰고 가는 미디어들도 같은 사례다.

브레흐만은 타인에 대한 끝없는 의심을 생성하는 것은 엘리트 지식인도 못지않다며, 세기의 명저로 손꼽히는『파리대왕』도 지나치게 비관적인 세계관의 작품이라고 주장한다. 윌리엄 골딩의 소설적 가정과 달리, 실제로 1965년 남태평양에서 일어났던 통가 소년들의 무인도 표류생활은 충분히 지혜롭고 현명했다는 것이다. 15개월 만에 건강하게 구조된 소년들은 호주의 신문『디 에이지』에 실리기도 했다. 인권운동가 레베카 솔닛도 저서『이 폐허를 응시하라』에서 엘리트들이 늘 타인을 의심하는 것은 사람들의 본성이 자신처럼 이기적이라 착각하기 때문이고, 그래서 자주 무력에 의존하려 한다고 이야기한 바 있다.

선한 본성을 찾는 사람들

공포와 반목을 부추기는 것을 좋아하는 이들의 눈부신 활약으로 불신과 이기심이 점차 과열되는 세상이다. 그러나 이에 대한 우려와 대안으로 인간 내부의 선한 본성을 조명하려는 노력도 꾸준히 일어나고 있다. 하버드대 심리학 교수이자 세계적인 석학으로 알려진 스티븐 핑커도 그중 한 명이다. 그는 인간 세계가 갈수록 피폐해지고 문명 이전의 삶보다 타락의 길로 가고 있다는 비판에 대해 다른 의견과 증거들을 제시한다.

고고학적 유골들을 살펴보면 100명 중 15명 정도는 뼈에 화살이 박힌 자국부터 함몰된 두개골, 석기에 긁히거나 훼손된 자국 등 자연사보다 타살에 의한 죽음의 모습을 보인다는 것이다. 말 그대로 약육강식, 야만의 시대였다는 증거다. 그러나 21세기를 살고 있는 우리는 전쟁이나 내전을 제외하고 이렇게 많은 이들이 일상에서 서로를 죽이는 경우는 거의 없다. 뉴스나 미디어를 통해 잔혹한 살인이나 테러나 비상식적인 폭력사건을 자주 접하다 보니 세상이 온통 미쳐가는 듯한 오해를 하게 되지만, 문명 이전의 삶과 비교할 바가 아니며 폭력은 꾸준히 줄어들고 있다. 수렵채집 시기에는 평균 1~2년마다 전쟁을 하는 집단이 65~90퍼센트에

달했으나 지금은 그 어느 때보다 전쟁이나 집단학살이 줄어들어 유사 이래 가장 긴 평화를 유지하고 있다고 한다.

핑커는 인간의 역사란 이성을 통해 내면의 폭력성을 억제해 보다 안전한 사회를 구축해온 시간이라고 이야기한다. 맞는 말이다. 살아 있는 인간의 심장을 꺼내어 제단에 바치거나 산 채로 불태워 죽이고 사지를 훼손하는 형벌 같은 것은 지금은 상상도 하기 힘들다. 불과 몇 대만 거슬러 올라가도 길거리 교수대에 목이 매달린 시체나 망나니의 칼춤을 보는 것이 일상이었다. 가족 중 하나가 권력자의 눈 밖에 나면 가족은 물론 일가친척까지 몰살당하거나 천민이 되거나 노예로 팔려나가기도 했다. 용기와 명예라는 이름으로 백주 대낮에 총질이나 칼부림이 난무했고, 결혼이라는 미명하에 어린 여성들이 늙은 남성들에게 팔려가기도 했다.

여전히 전 세계 어딘가에서는 전쟁이 일어나고 있고 내전도 있지만 평화를 염원하는 이들도 적극적인 목소리를 낸다. 인간뿐 아니라 동물이나 식물 등의 모든 자연과 공생하려는 노력도 점차 확산되고 있다. 살인에 경악하고 작은 폭력에도 분노한다는 것은 그만큼 폭력이 일상에서 벗어난 일이 되었다는 반증이기도 한 것이다.

핑커의 이러한 주장에 더욱 힘을 실어준 학자는 2017년 작고한 한스 로슬링이다. 통계학 분야의 석학이자 스웨덴 국경없는의사회의 설립자 겸 고문이며 테드(TED)의 스타강사였던 그는 사실에 근거한 세계관으로 세상의 참모습을 알리겠다는 의욕에서 『팩트풀니스』를 저술했다. 무지로 인한 스트레스보다는 희망과 긍정적 노력을 일깨우겠다는 열정이 담긴 책이다. 『팩트풀니스』는 인간의 불안 본능으로 인해 발생되는 왜곡된 시각들을 하나하나 짚어가며 정확한 통계를 통해 수정하는 방식으로 진행된다.

로슬링은 첫 장 '간극 본능'에서 인간의 단순한 뇌가 세계를 늘 극단적으로 양분하는 경향을 지적하며 최소한 4개로 구분할 것을 제안한다. 많은 사람들이 세상을 극소수의 절대 부국이 대다수의 절대 빈국을 착취하는 디스토피아로 바라보지만, 실제로 세계인의 절대 다수는 고소득이나 저소득 국가가 아닌 중간소득 국가에 살기 때문이다. 로슬링은 200년 전쯤엔 전 세계 인구의 85퍼센트가 극도의 빈곤 상태에 있었지만 지금은 절대 다수가 중간층인 2~3단계로 옮겨왔음을 통계를 통해 알려준다.

그는 이러한 사실을 언론과 미디어들이 모르고 있지 않으면서도 우리가 어떻게 서서히 나아지고 있고 더욱 발전할 수 있는지를 이야기하지 않는다고 지적한다. 그 이유는 억만장자와 극빈층 간의 극단적 스토리가 팔아먹기 용이하고, 세상을 비판적으로 바라보는 것이 훨씬 지식인다워 보이기 때문이다. 또 다른 이유로는 실제로 게을러서 데이터를 제대로 보지 않기 때문이기도 하다. 언론이 생각이 아니라 느낌을 말하고 끝없는 경각심을 갖게 만들어 이윤만 추구한다는 것인데, 이는 서두에서 뉴스의 위험성을 지적한 브레흐만의 시각과도 일치한다.

인간은 긍정적 지표를 간과하기 쉽고 부정적 지표에 더욱 주목하고 과장되게 해석하는 본능이 있다. 특정 국가나 사회, 집단에 대한 고정관념으로 그들은 변하지 않을 것이라고 믿지만 로슬링은 어떤 사회든 지속적으로 변화해오고 있다는 것을 상기시킨다. 그리고 세상엔 분명 부정적인 일들이 많지만 문제를 지나치게 단순화하고 이분화하는 '단일 관점 본능'이나, 누군가에게 모든 잘못을 전가하려는 '비난 본능'을 극복해야만 더 발전할 수 있음을 지속적으로 강조한다.

물론 스티븐 핑커나 한스 로슬링의 세계관이 완전한 정답은 아닐 것이다. 그들의 이론에도 반론이 있고 지나친 낙관론이라는 비판을 받기도 한다. 하지만 인권의식이 높은 국가일수록 역설적으로 폭력이나 학대 등의 인권문제 신고율이 높은 것처럼, 우리가 많은 것에 분노하고 주장할 수 있는 사회가 되어간다는 것이 발전의 징표일 수 있음을 인정할 필요도 있다.

무엇을 믿을 것인가

불과 한 세대 전만 해도 학생들은 교사들에게 구타나 언어폭력을 당하는 것을 당연하게 여겼지만 지금은 그런 일은 상상할 수 없다. 오히려 그 반대로 교사들이 고통받는 일들이 일어나고 있지만 이 또한 시간이 지나며 제도적으로 정비되어갈 것이다. 대학

교정에 군인과 경찰이 상주하던 시대도 있었고 이런 일이 또다시 반복되지 않는다고 장담할 수는 없지만, 최소한 지금의 우리 사회는 그래서는 안 되는 일이라고 생각한다. 세상이 1~2년 사이에 원하는 방식으로 변화되고 몇 세기 만에 천국이 되지는 않겠지만 한 걸음씩 발전하고 있음을 믿는 것도 필요하다. 물론 낙관론자들이라 해서 역사 속에 엄연히 존재했고 여전히 일어나는 무수한 잔혹사들을 모르지는 않는다. 단지 차이점이 있다면 인간이 그리 선하지는 않더라도 악하지만도 않은 유동적 존재라는 것과 제도와 시스템을 통한 발전을 믿으려고 노력한다는 점이다.

외국인들이 가장 신기해하는 대한민국의 풍경은 도서관이나 카페 같은 공공장소에서 가방이나 노트북을 놓고도 마음 편히 자리를 비우는 모습이다. 전 세계적으로 이런 나라가 드문데, 이런 일이 가능할 수 있는 이유는 한국인이 남다르게 선량하고 착해서가 아니라 CCTV의 상용화 덕분이다. 사회의 발전은 과학기술을 통한 사회경제적 시스템의 변화, 인간심리의 이해, 교육과 지식정보 공유를 통한 사회적 합의가 확대됨으로써 가능해진다. 낙관론자들은 인간의 선악을 규정짓기보다는 이런 합리적 변화의 가능성에 더욱 주목하고 함께 노력하기를 멈추지 않는 이들이다.

세상에 점점 희망을 잃고 불안해하고 무기력해지며 나와는 다른 이들에게 적대감이 커지는 자신을 발견할 때는 성찰과 대안이 있는 성숙한 의견보다 분노만을 부추기는 의견들에 몰입되어 있지 않은지, 무책임하고 선동적인 뉴스들과 자제력을 잃은 SNS에 지나치게 노출되어 있지는 않은지 한 번쯤 되돌아보는 것이 필요하다. 인간세계가 천국은 못 되지만, 지옥을 획책하는 사탄 역시 사람을 믿지 못하는 이들의 불안과 외로움이 만든 상상물일 뿐이다. 현실과 한계를 직시하되 서로의 삶을 음으로 양으로 지키고 보호하려 노력해온 압도적인 다수에게 더 많은 시선과 신뢰를 보내야 서로 힘을 얻고 더 건강하게 살아갈 수 있지 않을까.

"모든 이의 가슴에는 선한 늑대와 악한 늑대가 있고, 둘 중 강하게 성장하는 것은 내가 먹이를 주는 늑대다"라고 했던 체로키 인디언들의 우화를 되새기면서.

자신이 진보 혹은 보수라는 착각

그토록 단순한 존재는 없다

나이 들수록 좋은 것이 많다. 부모와 가족 그리고 나에 대한 이해가 깊어지는 것도 그중 하나다. 혈육이라는 점을 넘어 한 인간으로서의 입체성을 좀더 세심하게 살피고 다시 생각하게 된다.

청년 시절 바라본 아버지는 꽤나 보수적이고 완고해 보여서 반항을 많이 했는데, 돌이켜보니 그렇지도 않은 것 같다. 모두가 만화는 유해한 것이라 믿던 시절에 책과 함께 양질의 만화를 자주 사다주셨는데, 지금 보면 명작 반열에 속하는 작품들이다. 늘 바쁜 중에도 가족 생일엔 잊지 않고 작은 이벤트라도 했고, 정기적으로 맛집 탐방, 영화 관람 등의 문화적 경험을 선물했으며, 어쩌다 쉬는 주말엔 직접 레시피를 궁리하며 요리도 하셨다. 사회의 모순에 눈을 떠가는 혈기 넘치는 딸과 논쟁하면서도 생각을 강요하지 않고 늘 경청하고 토론하셨다. 해방 전에 태어난 세대의 고루한 남성성 속에 놀랄 만큼 진취적이고 진보적인 면이 공존했던 분이었음을 뒤늦게 깨달았다.

엄마도 마찬가지다. 천성적으로 호기심이 많고 새로운 흐름을 수용하는 데 유연한 성향이시다. 현재 80대 중반의 나이에도 대화에 불편함을 못 느끼기에 모시고 사는 데도 큰 불편함이 없다.

이런 가족사에 영향을 받아서인지 나도 결혼과 출산을 비롯해 우리 세대에서 중요하게 여기던 가치나 취향과는 다소 다른 선택과 경험들을 해왔다. 내가 한 선택들은 지금 세대에게는 익숙하거나 당연한 트렌드, 가치관이 되어 있다. 하지만 나도 부모님처럼 사안에 따라서는 보수성을 보일 때도 있다. 나의 세계관과 가치관 형성에는 대한민국이라는 영토성과 X세대라고 불리는 세대의 시간성, 양가로부터 이어진 유전적·환경적 특징 등이 중요한 역할을 했음을 이해하게 되었다.

진보와 보수의 개념이 사회적 지향성이나 실천 여부보다는 반공이나 친일 이데올로기 혹은 특정 정당에 대한 충성도를 분별하는 데 주로 사용되며 국민적 갈등이 계속된 지 오래다. 좌우 대립으로 인한 동족상잔의 비극이 반세기 이상 흐른 지금도 비슷한 상황인데, 대한민국에서 사용되는 진보와 보수의 개념을 살펴보면 왜곡되고 과장된 부분이 많다. 이미 대개의 선진국들은 진보와 보수, 좌와 우의 한쪽이 아니라 국가 특성에 맞게 좌우의 장점을 섞은 제도를 만들어가고 있고, 대한민국의 사회 시스템 또한 그렇다. 여전히 촉발되는 갈등은 기득권이나 정치인의 이익을 위해 만들

24

어진 갈라치기 프레임에 가까워, 내 편이면 되고 네 편이면 안 되는 내로남불식 사고만 확대시키고 있다. 신기루와 다름없는 이념 정체성에서 탈피해 개별 사안의 의미와 가치를 고민하는 사회가 되어야 하는데, 그러기 위해서는 진보와 보수의 현실적 모습을 파악할 필요가 있어 보인다.

생물학적 요인들

생물학적 요인부터 살펴보면, 뇌과학자들은 진보와 보수 성향이 천성적인 기질에 가깝다고 이야기한다. 새로운 자극이나 경험을 적극적으로 추구·수용하는 개방성이 높은 사람과, 반대로 불안함이나 조심스러움을 더 느끼는 사람의 차이라는 것이다. 전자일수록 정치·사회·생활·문화 전반적으로 좀더 진보적이고 적극적인 면을 보이기 쉽고, 후자의 경우 보수적인 모습을 보이기 쉽다고 한다.

하지만 이런 지향성이 완벽히 항구적인 것은 아니다. 타고난 기질도 환경적 요소에 영향을 받으며 변화될 수 있다. 예를 들면 진보를 표방하는 남성들도 젠더갈등 문제 앞에서는 보수적인 모습을 보이고, 유연하던 사람들도 나이가 들수록 완고해진다. 자신이 그렇다는 것을 좀처럼 자각하지 못할 뿐이다. 또한 같은 여성이라도 세대에 따른 차이가 크다. 몇 년 전 미투 사건이 연이어 터질 때, 50대 이상의 여성들과 50대 이하의 여성들이 사안을 바라보는 모습이 크게 달라 당혹스러웠던 기억이 있다. 여성이라는 정체성보다는 연령대별 가치관의 차이가 더 컸는데, 평균적인 사회 경험이 다르기 때문이다.

전문가들은 나이가 들며 보수화되기 쉬운 이유는 뇌 구조 변화라는 생체적 원인으로 인해 위험 회피 성향이 강해지기 때문이라고 한다. 새로운 것보다는 기존에 익숙하던 방식과 관계망을 고수하기 쉽다는 이야기다. 뇌과학자와 경제학자, 심리학자로 구성된 국제 공동연구진이 18~88세의 남녀 52명을 대상으로 각기 다른 상금의 컴퓨터 게임을 선택할 수 있는 실험을 했다. 50대 중장년층 이하는 탈락할 위험 부담이 높더라도 상금의 크기가 큰 게임방식을 선택하는 비율이 높았다. 반면 50세 이상에서는 난이도가 낮고 상금도 낮은 임무를 선택하는 비율이 높았다고 한다. 젊은 층일수록 하이리스크-하이리턴 쪽을 택할 확률이 높았다.

연구팀이 게임 진행 중에 일어나는 뇌 반응을 촬영한 결과, 의사를 결정할 때 활성화되는 오른쪽 후두정엽의 회백질 양이 적은 사람일수록 보수적이고 위험 부담이 적은 결정을 내린다는 사실을 확인했다. 즉, 우측 후두정엽 회백질의 양이 선천적으로 진보와 보수 성향을 가르기도 하지만, 나이가 들수록 감소하며 보수화되는 경향을 보이는 것을 확인한 것이다. 현재 전 세계가 보수화되는 이유 중 하나가 초고령화 시대로 접어들었기 때문인가 하는 의문과 함께, 앞으로의 세계가 어떻게 펼쳐질지 궁금해지는 연구이기도 하다.

환경적 요인들

하지만 나이가 반드시 진보성과 보수성을 가르는 기준인 것도 아니다. 폐쇄된 문화권이나 소외 지역의 청년보다는 개방적인 도시의 중장년이 새로운 가치를 체화할 확률이 더 높을 수 있다. 같은 여성도 자신이 몸담아온 준거집단에 따라, 자녀 성별에 따라, 살아온 환경과 경험에 따라 여성 문제를 바라보는 시각 차이가 크다. 생물학적 요인 이상으로 수많은 환경 변수로 인해 사안별 판단이 달라질 수 있는 것이다.

특히 우리나라의 지역별 정치구도에서도 볼 수 있듯 태어난 지역의 발전 정도와 차별 경험 정도에 따라서도 큰 차이가 형성되는데, 이런 현상은 다른 나라에서도 비슷하게 나타난다. 대개 혜택을 많이 받고 경제력이나 권력에서 우위를 차지한 이들일수록 보수화되고, 차별받고 배제된 쪽은 진보 성향의 정당을 선택하는 경우가 많아진다. 하지만 너무 소외당하고 배제되어 양질의 정보를 접하지 못하면 오히려 극단적으로 보수화되거나 비정상적인 정당과 인물들을 지지하기도 한다.

결국 진보와 보수의 차이는 절대적이고 고정불변한 것이라기보다는 타고난 기질과 상황에 따라 상대적이고 가변적이며, 전반적인 삶의 태도나 생존본능에 가깝다고 볼 수 있다. 자신이 선택했다기보다는 선택되어지는 경우가 많다는 이야기다. 지적 능력이 있는 사람이라면 한반도 남쪽의 오른쪽 지역에서는 보수 유전자만 태어나고 왼쪽 지역에선 진보 유전자만 태어나는 불가사의한 현상이 진보나 보수의 실체라고 생각하지는 않을 것이다.

올해 초 공개된 정치성, 계급성, 젠더, 사회윤리에 대한 개방성까지 전혀 다른 생각과 이념을 가진 청년들이 모여 민주주의 방식을 체화해가는 모습을 보여준 시사예능 「사상검증구역 – 더 커뮤니티」는 이러한 점에서 대단히 의미있는 기획으로 평가되었다. 단 12명이 모인 공간에서도 개개인이 얼마나 입체적일 수 있는가를 새삼 깨닫게 함으로써, 우리 사회가 어떠한 방식으로 공론의 장을 펼쳐나가야 할지를 생각하게 만들었다.

종종 상상해본다. 만약 내가 이슬람 문화권에서 태어났다면, 혹은 특정 지역에서 나고 자라 강한 지역성과 집단의식을 갖게 되었다면, 게다가 특정 이념을 가진 이들에 의해 가족이 죽거나 삶이 파괴된 경험이 있다면 나는 지금과는 전혀 다른 모습으로 살아가고 있지 않을까. 나의 이념이나 믿음을 타인에게 강요하고 잔혹함으로 응징하는 경우가 아니라면, 서로 다른 삶의 경험이 가져온 믿음과 신념을 단순하게 선과 악, 지능과 무지능으로 혐오하면 안되지 않을까. 이는 마치 진보성과 보수성처럼 타고난 기질이라 할 수 있는 '내향인 정당'과 '외향인 정당'이 혹은 '청년당'과 '노년당'이 서로 악이라며 혐오하는 모습과 다를 바 없는 대단히 편협한 시각이 아닐까. 청년도 언젠가는 노년이 되고 부자도 어느 날 몰락할 수 있으며 어렵던 사람이 성공해 기득권에 편입될 수도 있다는 것을 생각하면 모두가 함께 고민해야 할 것은 분명해진다.

지금 내가 있는 위치에서만 세상을 바라보지 말고, 다른 상황의 삶을 맞게 되더라도 누구에게든 어디서든 안전한 사회제도를 만들어나가는 방법이다. 의미 없는 이념 분쟁이나 지역감정을 통해 이권을 챙기려는 이들에게 현혹되지 말고, 더 나은 제도를 고민하고 준비해야 후손들이 더 나은 세상을 맞지 않을까 싶다.

역사적 트라우마로 인해 진보·보수 편가르기가 유난스럽고 여전히 봉건적 가치나 미신적 종교가 득세하고 있지만, 대한민국은 다른 나라보다 타문화에 대한 호기심과 흡수력이 상당히 높고 개방성과 진보적 특성도 강한 나라다. 또한 진보의 가치를 부정하는 이들이 성공과 부를 일구기 위해 새로운 흐름에 더욱 민감하게 반응하고 주도하는 모순적인 풍경도 익숙한 나라다. 자신이 부정하는 가치관을 열정적으로 행하는 자신의 모습을 제대로 볼 수 있을 때, 서로에 대한 이해가 깊어지고 함께 갈 방향도 모색할 수 있으리라 생각한다.

다른 생각을 가진 소수의 힘

스탠퍼드대학의 심리학 교수이자 『수평적 권력』의 저자이기도 한 데버라 그룬펠드는 집단의 발전과 관련된 학설을 두 가지로 분류한다. 첫 번째는 이념주의 가설인데 집단의 이념이 진보냐 보수냐에 따라 발전이나 현명한 선택이 달라진다는 것이다. 즉 이념에 정답이 있다는 믿음이다. 또 다른 쪽은 지위중심 가설인데, 집단에 소수의견을 가진 사람이 있느냐 없느냐에 따라 발전의 정도가 달라진다는 것이다.

그룬펠드는 지난 40년간 미국 연방 대법원의 판결을 분석했다. 연방 대법원의 구성원은 종신 임기제로 대통령이 임명하기 때문에 대통령 성향에 따라 진보와 보수의 구성 비율이 바뀌는데, 어떤 분포일 때 다양성과 통합성을 보여주며 더 공정하고 합리적인 판결을 내렸는지 살펴본 것이다. 그 결과 한쪽이 편향되게 구성된 경우보다 고른 분포로 있을 때 더 분별 있는 결정을 했다. 반드시 5 대 5 비율이라는 의미가 아니라 6 대 3이든 7 대 2든 소수자가 존재하고 다른 목소리를 내는 사람이 있을 때, 훨씬 사안을 깊이 있게 다각적으로 분석하고 신중한 판결을 내렸다는 것이다.

버클리대 사회심리학자이자 의사결정 전문가인 샬런 네메스도 저서 『반대의 놀라운 힘』에서 소수의견의 중요성을 강조한다. 소수의견이 존재한다는 것은 그 내용의 옳고 그름이나 현명함의 정도를 떠나 그 자체로 의미가 있다는 것이다. 그는 멍청해 보이는 소수가 미치는 영향을 실험하기 위해 파란색 슬라이드를 보며 초록색이라고 하는 사람을 실험 집단에 한 명 심어놓았다. 모두 슬라이드가 파란색이라고 하는데 혼자 초록색이라고 하는 이가 등장하자 당연히 사람들은 처음엔 어이없어 했다. 하지만 이런 사람이 둘만 나타나도 한 번쯤은 그렇게 보일 수도 있는 것인지, 사람마다 색상을 인지하는 방식이 다른지 고민하는 사람도 늘어났다.

한때 줄무늬 드레스의 색 조합이 검은색-파란색으로 보이는지, 금색-흰색으로 보이는지에 대한 갑론을박이 유행했던 적이 있다. 처음엔 무슨 말도 안 되는 소리인가 했지만 결국 내가 보는 색이 어떤 이에겐 다른 색으로 보일 수 있음을 많은 이들이 깨달은 이슈였다.

소수의 힘에 대한 연구 결과들을 읽다보니 직장 초기에 겪었던 일이 생각났다. 당시만 해도 상당수 여성 직원들은 결혼하고 임신을 하면 퇴사하는 것이 관례화되어 있었다. 어느 날 한 직원이 이에 반기를 들고 그만두지 않겠다고 하자 온 회사가 술렁거렸다. 남자 직원들은 물론이고 곧 자신의 일이 될 여성 직원들조차 "쟤는 뭐가 잘나서 회사를 시끄럽게 만드느냐"고 비난하는 것을 보고 놀랐었다. 하지만 그 소수의견의 직원 덕분에 그후 임신과 함께 퇴사하는 관례가 없어졌고, 이제는 어떤 보수적인 사람도 그런 이야기를 하지 않는다.

속도의 차이일 뿐

통계학자 한스 로슬링은 스웨덴인들의 시각에서는 미국은 보수적 가치를 가진 나라라고 평가되지만, 미국인이 동성혼을 지지하는 비율은 1996년 27퍼센트 정도에서 2020년 무렵 72퍼센트 이상으로 계속 변화하며 증가하는 추세라고 이야기한다. 과학적·사회학적 지식이 널리 퍼지는 데는 시간이 걸리고 개인마다 이를 이해하는 속도의 차이가 있지만, 결국 인간은 변화하며 나아간다. 가끔 특이한 이들을 제외하고는 어떤 보수적인 사람도 태양신을 숭배하는 원시적 사고를 하지는 않고, 어떤 유교적인 어르신들도 이제는 함부로 여성과 약자를 대놓고 폄하하거나 신분을 들먹이지 않는다. 마찬가지로 어떤 진보적인 사람도 자신과 가족의 삶이 파괴될 정도로 급격한 혁신을 원하지 않는다.

시대에 따라 성장과 퇴행을 갈지자 걸음으로 오가며 느리게 나아가지만 멸종하지 않은 모든 존재는 공생하며 진보한다. 극단적으로 개방적이거나 폐쇄적인 유전자를 가진 이들은 이미 지구상에서 멸종했거나 지금도 사회적으로 분리되어 천천히 사라져갈 확률이 높다. 인간 사회에 다양한 기질과 가치가 존재하는 이유는 엑셀과 브레이크처럼 추진력과 제어력 모두 생존에 필요하기 때문인데 오히려 갈등과 공멸의 요인이 되는 것이 안타깝다.

나약한 육체의 인간이 자연과 사회 속에서 생존하려면 진화와 진보는 선택이 아니라 필수다. 자신의 내면에 있는 다양한 모습과 범주에 늘 의심을 품고 지식을 업데이트하며, 각자의 속도를 이해하고 존중하는 태도가 필요할 뿐이다.

홍어와 반지하, 감각의 정치학

향기에는 계급성이 있다

"그에게서는 언제나 비누 냄새가 난다."

오랜 시간이 지나도 기억에 남는 소설 『젊은 느티나무』의 첫 문장이다. '그'라는 존재에 대한 아무런 정보와 서술 없이도 내밀한 설렘이 느껴진다. 왠지 그는 갓 씻고 나온 듯한 말간 얼굴에 깊은 눈을 가진 조금은 호리호리하고 내성적인 청년일 것 같다. 두툼한 살집의 동네 아저씨나 결벽증이 있는 예민한 청년일 수도 있겠지만, '비누 냄새'라는 작은 단서가 주는 암시는 제법 강력하다.

좋은 냄새를 뜻하는 향기란 단어에는 계급성이 있다. 고된 노동에 지친 이들이나 바닷바람을 맞으며 생선의 내장을 발라내야 하는 사람들은 일상에서 향기를 누리기 힘들다. 향기는 삶을 향유할 경제력과 시간만이 아니라 마음의 여유까지도 있는 사람들만이 즐길 수 있는 것이다. '부내 난다'는 표현은 부의 냄새, 즉 부유함이 풍기는 향기를 선망함과 동시에 돈의 속물성을 희화하는 양가적인 표현이라고 할 수 있다.

몸매 관리를 중요한 자기계발 요소로 생각하는 젊은 층 사이에서 한동안 "룰루레몬 입는 여자"라는 표현이 유행했다. 고가의 일상 운동복 브랜드인 룰루레몬을 입는다는 것은 요가나 필라테스 같은 운동을 즐기며 자기관리를 하는 사람임과 동시에 경제력과 트렌디함을 모두 갖춘, 소위 부내 나는 사람이라는 복합적인 의미를 품고 있다.

캐비아를 즐겨 먹는다는 말이 단순히 해산물을 좋아한다는 말과 같지 않고, "나 이대 나온 여자야"라는 영화 속 대사가 그저 모교에 대한 정보가 아니듯, 잠잘 때 입는 옷이 무엇이냐는 기자들의 질문에 "샤넬 NO.5"라고 대답한 마릴린 먼로의 대답 역시 부유하고 관능적인 삶의 은유에 가깝다. 향기의 계급성은 '싸구려 향수를 쓰는 사람'이라는 표현에서도 느낄 수 있다. 싸구려 옷을 입는 것은 가난이나 소박함을 뜻하지만, 싸구려 향기가 난다는 것은 더 높은 계급을 흉내 내며 짝퉁을 쓰는 이들의 정서적인 허기까지 나타낸다.

신체와 관련된 감각적 판단은 다분히 원초적이고 보수적이다. 부드러운 것은 좋고 거친 것은 좋지 않다. 밝은 것은 안전하고 어두운 것은 위험하다. 이런 판단은 누가 가르쳐주지 않아도 본능적으로 습득된다. 냄새도 마찬가지다. 프랑스 작가 마르셀 프루스트의 소설 『잃어버린 시간을 찾아서』는 나른한 오후에 홍차와 함께

먹던 마들렌의 향기가 어린 시절의 추억을 소환한다는 스토리다. 후각과 추억의 강력한 연관성을 보여주는 작품으로 유명한데, 누구나 이런 연상의 경험이 있을 것이다.

엄마의 몸과 소지품에서 풍기던 코티분 냄새, 해 질 녘 마을 굴뚝에서 피어오르는 하얀 연기와 어우러진 밥 짓는 냄새, 버터를 듬뿍 넣어 갓 구운 빵과 신선하고 고소한 커피의 향 같은 것들은 안정감과 행복감을 주는 좋은 냄새고 안전한 냄새다.

반면 썩은 것들에서 풍기는 나쁜 냄새는 질병이나 죽음의 예후와 가까워서 위험하게 느껴진다. 그래서인지 사람들은 정신적인 불편함이나 악을 설명하는 경우에도 '더럽다', '두드러기 날 것 같다' 등의 물질적·신체적 오염을 뜻하는 표현을 자주 사용한다. 의심스럽고 위험함이 감지될 때는 '수상한 냄새가 난다'거나 '구린 내'라고 표현한다. '역겹다'거나 '토할 것 같다'는 말은 역한 냄새의 다른 표현인 동시에 누군가를 상종하고 싶지 않다는 의지의 표출이기도 하다.

그런 이유로 청결하지 못한 신체와 불쾌한 냄새에 대한 불안은 오랫동안 악의 이미지를 구축하는 가장 손쉬운 수단으로 이용되어 왔다. 소탕하고 싶은 집단이나 적들, 하층민이나 경멸대상에게는 늘 벌레나 병균 같은 이미지들이 덧씌워졌다. 어둡고 습하며 냄새나는 곳에 살고 있는 것들, 마음만 먹으면 언제라도 소탕할 수 있는 것들이다. 미물들에게 보이는 경멸과 불안감이 때로는 과도하고 호들갑스럽게도 느껴지지만, 실제적인 바이러스의 유무와 상관없이 이미지란 강력한 것이다.

감각의 정치학

아우슈비츠를 경험한 유대계 화학자이자 작가 프리모 레비는 나치가 유대인을 '독일인의 몸 안에 사는 더러운 기생충들'로 묘사하는 동시에, 화장실 출입을 못 하게 했다고 증언한다. 이로 인해 독일인들은 수시로 길거리나 승강장에 쭈그려 앉은 유대인을 보게 되었고, 처음엔 유대인을 동정하던 이들조차 역겨워하기 시작했다는 것이다. 홀로코스터에 관한 소설이나 영화 속에도 기생충이나 냄새와 관련된 표현이 자주 등장한다.

르완다의 후투족과 투치족 간의 부족 전쟁이나 튀르키예의 아르메니아인 학살 같은 집단살해(제노사이드)에도 늘 '바퀴벌레'라는 표현이 동반되었다. 조지 오웰도 "하층민은 냄새가 난다"며 계급 차이의 비밀을 묘사한다. 노동계급의 비참한 생활을 그린 그의 작품들 속에는 빈민의 악취나 전쟁의 냄새, 위선적 부자들의 돈 냄새 같은 표현이 등장한다.

심리학자 폴 블룸도 신체와 관련된 정치성에 대해 "몸에 대한 역겨움은 타인을 인간성을 결여한 존재로 인식하게 만들고, 불행과 괴로움에 무관심하게 만든다"고 설명한다. 이러한 인식은 잔인함과 비인간화를 촉발하는 힘이 될 뿐만 아니라 응당 받아야 할 고통으로 정당화하며, 심지어 쾌감을 느끼도록 만든다. 여기서의 쾌감이란 변기 속의 역겨운 오물을 강력한 수압의 물로 떠내려 보낸 후의 감정과 비슷한 종류일 것 같다.

폴 블룸의 맥락으로 보자면, 특정 지역인들을 '홍어'라고 부르거나 세월호 시신을 어묵이라 조롱했던 행위 역시 그저 생각 없는 이들의 가벼운 언행이라고 볼 수 없다. 독한 냄새와 훼손된 신체에 대한 불쾌감과 두려움을 자극해 차별의 정당성을 갖기 위한 어두운 심리가 숨겨져 있는 것이다. 여성을 걸레라고 부르거나 암내를 풍긴다는 표현, 한동안 유행하던 김치녀나 된장녀, 이에 대한 미러링으로 등장한 김치남, 된장남 같은 표현도 마찬가지다.

대한민국이 지금과 같은 세계 속의 위상을 갖지 못하던 시절, 김치나 마늘이나 된장 냄새가 난다는 말은 동양인이자 이름 없는 약소국 출신인 한국인을 비하하는 뜻이었다. 여전히 한국인은 김치와 마늘을 즐겨 먹지만 지금은 이와 같은 언어로 비하하는 표현이 거의 들리지 않는 것을 보면 더욱 분명히 알 수 있다. 검둥이는 강력한 욕이 되지만 흰둥이는 별다른 타격감이 없는 것처럼, 특정한 언어는 숨은 맥락에 따라 정치성으로 연결된다.

혐오를 가진 사람들은 늘 신체적 특성을 희화화하며 상처를 주고 모욕하기를 즐기는데, 이렇게 타인을 비인간화하는 행위를 지속할 때 신경망에 관여하는 뇌 부위의 활동도 둔화된다고 한다. 더 위험한 것은 자신은 그런 행위를 하지 않아도 이러한 비인간적인 언행을 계속 보고 듣는 것만으로도 영향을 받는다는 점이다. 담배 연기가 흡연자의 건강만 악화시키는 것이 아니라 주위 사람들의 건강에까지 악영향을 끼치는 것과 같다. 차별과 혐오가 담긴 말이나, 비난과 비하의 언어를 자주 사용하는 부모는 아이들의 공감능력 발달에 악영향을 주게 된다는 의미이기도 하다.

영화 「기생충」은 이러한 낯익은 배타성의 코드들이 무수히 드러나는 작품이다. 어느 때보다 직접적인 제목을 포함해 바퀴나 곱등이 같은 벌레들, 지하실이나 반지하 등의 어둡고 비위생적인 공간, 비좁고 음습한 틈 같은 것들을 통해 격리 수용되는 하층민들의 모습을 보여준다. 또한 영화는 '반지하의 냄새'를 넘어 '지하철 타는 사람들의 냄새'까지 주제를 확장시켜, '반지하보다는 괜찮은 삶'이라고 안위하던 사람들마저 스스로를 돌아보게 만든다.

배타성이 강한 사회는 타인에 대한 선 긋기를 넘어, 결국 자신의 삶도 부정하게 만들며 결핍과 자기 연민, 우울감을 만들어낸다. 끝없이 올라가야 하는 욕망의 사다리 어디쯤에서 수시로 쿵쿵대며 시큼한 반지하와 가난의 냄새, 부와 권력의 냄새를 확인해야 하는 세계는 황량할 수밖에 없다.

당신은 평등을 원하지 않는다

화이트 타이거

인도 영화 「화이트 타이거」는 세계적인 문학상인 맨부커상을 수상한 아라빈드 아디가의 소설을 영화화한 작품이다. 30대 초반 젊은 작가의 작품답게 수천 년간 계급제도를 유지해온 전통 인도 와 이를 혁파하려는 새로운 인도의 충돌이 적나라하게 드러나는, '뼈를 때리는' 잔혹극이라 할 수 있다.

공식적으로나마 모든 개인의 평등권이 보장된 대한민국과 여전히 카스트 제도가 유지되는 인도의 현실은 상당한 차이가 있지만, 인간사의 본질을 다룬다는 점에서는 공감되는 부분이 많다. 대대손손 누려온 높은 신분으로 무례와 폭력이 습관이 된 기득권만이 아니라 약자를 위해 봉사하는 좌파를 가장한 부패정치인, 해외 유학파로서 자유롭고 평등을 추구하는 모습을 보이지만 결국은 신분과 자본의 힘 뒤로 숨는 비겁한 지식인, 가난하고 비천한 자들의 무지와 그들 속의 위계 및 폭력까지 봉건적 신분제도 속 다양한 계급의 민낯들이 한 치의 관용 없이 날것으로 드러난다.

주인공이 신분을 위장해 상류사회에 접근하는 방식이나 계급사회의 비정함을 정면으로 다룬다는 점에서 봉준호 감독의 「기생충」과 닮은 점도 많지만 차이점도 있다. 「기생충」이 은유와 풍자를 통해 좀처럼 허물어질 수 없는 비관적 사회상을 보여주는 반면 「화이트 타이거」는 필터 없는 잔혹함 속에서도 전복적인 낙관을 선사한다는 점이다.

주인공 발람은 인도의 최하층민이다. 좀더 나은 인생을 꿈꾸지만 공고한 신분사회 속에서 삶은 가혹하기만 하다. 무능한 데다 속물적인 가족들은 그에게 도움이 되기는커녕 발목만 잡는다. 그래도 타고난 영리함으로 기회를 잡아 부호 집안에 기사로 들어간다. 하지만 그들이 발람을 대하는 태도는 참고 보기 힘들 만큼 모욕적이고 폭력적이다.

계급사회에 길들여져 이를 당연히 감수하는 발람 주위에 어느 날 독특한 인물들이 등장한다. 어려서부터 미국에서 생활해온 부호의 둘째 아들 아쇽과 그의 아내다. 두 사람은 발람을 대하는 집안사람들의 비인간적인 태도에 분노하며 그를 친구처럼 대하려고 애쓴다. 인간은 평등한 존재이니 굴욕을 당연하게 받아들이지 말고 인생을 개척하라는 진심 어린 조언도 한다. 그러나 우연한 사고로 인해 급박한 상황을 맞게 되자 그들 역시 태생적 한계를 드러내며 이중적 태도를 보이고, 발람은 더 큰 환멸을 느낀다. 신분사회의 본질을 깨달은 발람이 잔인하게 파괴하는 대상은 더 냉혹하고 더 부패한 이들이 아니라, 나름대로 인간적 관계를 유지했던 아쇽이다. 이후 발람의 삶은 아쇽 부부의 조언대로 180도 변화한다.

왜 조그만 일에 분노하는가

「화이트 타이거」도 「기생충」만큼 다양한 시선으로 읽힐 수 있는 작품이다. 사회적 위치나 경험에 따라 감정이 이입되는 인물과 질문도 다를 수밖에 없는데, 나의 경우는 '왜 사람들은 최악보다 차악이나 사소한 것들을 더 증오하는가'라는 문제가 먼저 떠올랐다. 작품 속 아쇽 부부는 분명 이중적이었지만 그들 부부보다 더욱 악랄한 이들이 주변에 넘쳐나는데도 발람이 배신한 것은 그들이었기 때문이다. 이는 김수영 시인이 「어느 날 고궁을 나오면서」에서 독재 권력의 비리를 상징하는 '왕궁의 음탕'에 화내는 대신 "50원짜리 갈비가 기름 덩어리만 나왔다고 분개"하고 "돼지 같은 주인년한테 욕을 하"는 자신을 자조하며 "왜 나는 조그만 일에만 분노하는가"라고 되물었던 것과 비슷하다.

대개의 사람들은 늘 더 강하고 악한 이들이나 사회제도보다 내 주위의 더 작고 힘없는 것들에 분노한다. 또한 세상을 좀더 나아지게 만들려는 이들의 부족함이나 흠집에는 냉소하고 쉽게 비난하지만, 정작 더 중요한 문제 앞에서는 몸을 사린다. 마치 분노조절

장애라 핑계 대며 약자나 여성에게만 분풀이하는 사람들과도 비슷하다.

이러한 모습들은 인간에 대해 잘 몰랐던 젊은 시절, 당혹스럽고 서글펐던 사회생활 경험 속에서 깨달은 것이기도 하다. 직장 생활 초기에 다소 실험적인 업무를 제안해 사원이었음에도 비정규직 팀을 이끌게 된 적이 있다. 전문성 강한 업무였고 정규 채용도 아니었기에 나에게 인사 권한이 주어졌고, 나는 큰 고민 없이 모교의 조교실에 추천을 의뢰해 몇 명의 후배를 채용했다. 대졸 여성 직원이 극히 드물던 시절이라 젊고 재능 있는 여성들이 모인 팀에 쏟아지는 관심이 제법 컸다. 도전적이고 활기찬 나날을 보내던 어느 날 임원 한 분이 "너도 네 라인 만드는 거니?"라는 농담을 던지셨다. 평소의 관계나 상황을 볼 때 비난의 의도가 아니라는 것은 알았지만 회사 임원의 대부분이 특정 대학이나 특정 지역 출신이었음을 문득 깨닫게 된 계기가 되었다.

성과를 인정받아 팀원을 늘리게 됐을 때는 다양성에 신경을 썼다. 휴머니즘 가득한 드라마의 결말이 늘 그렇듯이, 올바름을 실천했으니 성과는 물론 보람도 커질 차례였다. 그러나 어쩐 일인지 현실은 사뭇 달랐다. 자부심 강한 이전 팀원들과 새로운 팀원들 사이에는 보이지 않는 벽이 존재했고 그에 따른 갈등도 발생했다. 학력은 부족하지만 재능 있는 팀원이 들어와도 쉽게 인정하고 싶어 하지 않았다. "선배의 뜻은 좋지만, 우리와 똑같이 취급하는 건 좀 불공평한 것 같아요"라고 불만을 드러내는 팀원도 있었다. 어디서 많이 들어본 말이라고 느끼는 분들도 있을 것이다. 맞다. 요즘 세대 고학력자들의 특징을 논할 때 자주 등장하는 모습이다.

봉건사회든 21세기의 사회든, 대한민국의 명문대생이든 인도 상류층의 지식인이든 크게 다르지 않다. 사회적 목표를 성공적으로 달성한 이들이나 그것을 누려온 이들은 늘 자신이 더욱 대접받아야 한다고 느끼고, 그렇지 못한 이들과의 사이엔 결코 건널 수 없는 강이 있다고 믿고 싶어 한다. 사회나 집단의 분위기에 따라 정도가 다를 뿐, 대개의 상류계급이나 엘리트들은 언제나 이런 사고 속에 살아왔고 살고 있는 것인지도 모르겠다.

다소 특별했던 팀의 위상도 다양한 사람들이 섞이며 점차 평범한 비정규직팀으로 하락했다. 주어진 후광과 선망을 스스로 내려놓은 것이 어리석었나 고민도 했다. 부족한 성품에 성숙하지도 못한 초보 관리자가 지향했던 작은 정의의 결과는 드라마처럼 훈훈하지만은 않았고, 꽤 오랜 시간 진통을 감수해야 했다.

무엇보다 힘들었던 것은 비정규직들에게 큰 관심도 애정도 없는 이들의 의례적 친절과 영혼 없는 약속에는 감복하면서도, 자신들의 처지에 공감하고 더 나은 환경을 제공하려고 충돌을 감수하는 나의 입장과 마음은 깊이 이해하지 못하는 팀원들의 모습이었다. 상사들에게 사랑받는 상황의 나는 선망했지만, 자신들의 권리를 위해 상사와 갈등이 생길 때는 오히려 몸을 사리는 모습이었다. 군림하는 힘을 선망하고 순종하는 약자의 생리를 깨달았고, 자신이 어떤 계층에 있든 그 속에서라도 우위에 서고자 또다시 분리하고 선을 긋는 사람들의 모습도 보게 되었다. 보람만큼 상처와 배움도 많았던 경험이다. 사회적 능력은 있지만 냉정하고 무심한 아들·며느리보다 늘 함께하는 순한 며느리나 딸자식을 가볍게 여기고 쉽게 힐난하는 부모들의 모습도 이와 비슷한 사례라 생각된다.

진심으로 평등을 원하는가

세상엔 불평등의 문제에 대해 아무런 가책 없이 이기적이고 부도덕한 자세를 보이는 이들이 있고, 가끔은 흔들리고 한계를 보이지만 다시 자신을 성찰하는 이들이 있다. 그럼에도 사람들이 공통적으로 쉽게 공격하는 것은 '흔들리는 이들'이나 '경계에 있는 이들'이다. 대놓고 악한 것보다 위선적이고 무능해 보인다는 이유다. 상대적인 잣대도 절대적인 잣대도 아닌, 그저 조금 더 만만한 위치거나 권력유지에 방해가 되는 존재에게 던지는 비난과 돌팔매질들을 보고 있노라면 혼란해질 때가 많다.

적나라하게 부패하거나 이기적인 삶을 사는 것보다 그런 세상 속에서 올바르게 살려다 때로 실패하는 것이 무능한 것일까. 가끔은 흔들리며 자신과 가족의 삶을 고민하는 것이 그다지도 위선적인 것일까. 세상이 점차 개인주의로 치닫는 이유는 악이나 관습과 싸우는 것이 두려워서라기보다, 함께할 것이라 믿었던 이들이 던지는 비난과 몰이해가 두렵기 때문이지 않을까 싶다.

평등의 리더십이 그리울 때 사람들은 고 노무현 대통령을 소환한다. 기득권을 누리는 대신 소탈함과 권위적이지 않은 자연스러움으로 국민들과 함께하려던 그의 남다름을 추억하는 것이다. 그가 다시 오면 성공할 수 있을까. 쉽지 않을 것 같다. 학력을 이유로 그를 무시했던 이들만이 아니라, 그가 눈 맞추려 했던 낮은 곳에 있는 이들조차 그를 얕잡아 보았다. 그래서 인간의 약자 근성을 비웃는 이들은 그가 더 강력하게 권력의 후광을 이용했어야 한다고 애통해한다. 어쩌면 그럴지도 모르겠다. 사람들은 늘 평등을 논하지만, 진정 평등한 세상을 원하는 이들은 그리 많지 않을지도 모른다.

대개의 사람들은 처음부터 권력에 대한 욕망과 지위의 분별심이 없는 소탈한 이들보다는, 많은 것을 소유한 이들이 자신 앞에서만 겸손하고 평등하게 대해주기를 바라는 것 같다. 자신 또한 남들보다 월등히 많은 것을 누리면서 가끔 보여주는 겸손함으로 존경까지 받고 싶어 하는 것 같다. 세상은 늘 정의와 평등을 위해서든 부와 명예를 위해서든 일단 높은 곳으로 올라가려는 이들과 그들의 추종자로 가득하다. 같은 이유로 예수가 2,000여 년 전의 그 모습과 그 말씀으로 이 세상에 다시 온다면 분명 다시 십자가에 매달릴 것이다. 여전히 많은 사람은 낮은 곳으로 임하는 이들을 좀처럼 믿지 않으며 강하고 두려운 자들과의 친교를 원하고 자신도 그들처럼 되기를 소망하기 때문이다.

오랜 사회 경험 속에서 깨달은 엘리트주의의 허구성을 논한 글을 SNS에 올린 적이 있다. 많은 사람이 공감하는 중에도, "본인이 학력이 낮아 억울한가 보다"는 조롱 글이 달렸고, 그 글엔 다시 나의 이력을 검증하며 그 추측을 반박하는 글이 달렸다. 학벌사회에 대한 의견을 말하기 위해서 스펙을 인정받아야 하고, 강자나 기득권자가 논해야만 귀 기울이는 세상이다. 그래서 귀농한 사람이든 경비원이든 늘 명문대 출신의 용기 있는 인생만이 대단하다고 소개될 뿐, 평범한 농민과 경비원의 이야기는 좀처럼 들리지 않는다. 각자의 마음 밑바닥에 자리한 서열 중심의 사고와 배타성이 사라지지 않는 한, 비정상적인 입시 과열이나 경쟁사회의 폐해 역시 어떠한 제도나 이를 변혁하려는 리더의 등장만으로 해결되지 않을 것이다.

강자는 강자라서, 약자는 약자여서 힘과 권력을 선호하는 것이 동물적 본능이다. 동물의 본성을 가진 존재가 인간으로 나아가는 과정은 나의 불평등과 타인의 불평등을 같은 무게로 인식하지 못하는 둔감함과 이기심에 대한 부단한 자기성찰을 필요로 한다. 동물성은 인간성보다 강력해서 잠시라도 성찰을 게을리하면 이기의 발톱이 살을 뚫고 오만의 어금니가 날카롭게 돋아나기 때문이다.

교육의 목적이 무엇을 배우고 어떻게 조화롭게 살 것인가가 아닌, 어떻게 남보다 더 누릴 것인가에 있는 세상에서는 더욱 그렇다. 세상의 정의와 평등을 논하고 타인을 비판하기에 앞서, 나 자신은 진심으로 평등한 세상을 원하는지 되돌아보는 노력이 필요할 것 같다.

학력 차별의 심리

곰팡내 나는 환상

인천국제공항은 높은 연봉과 직업 안정성으로 대한민국 취준생이 가장 선호하는 공기업이다. 한동안 이곳 비정규직의 정규직 전환을 두고 정규직 청년들에 대한 역차별이라는 분노의 목소리가 높았다. 20년 가까운 회사생활 동안 정규직과 비정규직, 사무직과 전문직 사이의 무수한 갈등과 불합리를 직접 목격하고 경험한 사람으로서 이 사태가 남다르게 느껴졌다. '쉽게 살아온 비사무직'이나 '실력 없는 비정규직'이라는 비난을 보는 마음은 더욱 안타까웠다. 어떤 직장도 선심만으로 정규직을 선물하지 않는다는 것을 알기 때문이다.

문화·예술적 능력을 단순 기능직으로 보는 시각이 크다 보니, 나와 일했던 디자이너들 중엔 비정규직이 상당히 많았다. 사무직을 포함한 모든 직종이 그렇듯이 그들 중에도 실력이나 노력이 부족한 이들도 있었지만 뛰어난 재능을 가진 성실한 직원들도 많았다. 단지 공채와 인연이 없었거나 환경이 따라주지 않았을 뿐이다. 그러나 비정규직군은 업무의 중요성을 몇 배로 증명해내야 겨우 인정받을 수 있기 때문에 정규직으로 전환되는 경우는 극히 드물다. 스펙이 좋아도 쉽지 않고 그마저 부족하면 더욱 어렵다. 운 좋게 정규직 전환이 된 후에도 극복해야 할 것들이 많다. 이런 상황을 충분히 알고 있는 입장에서는 정규직 전환이 결정된 데에는 외부인들이 쉽게 판단하기 어려운 오랜 역할 증명의 시간이 있었을 것이라 추측할 수 있었다.

대한민국은 여전히 과거급제 후 붓을 들고 붓대를 굴려야 엘리트고 인재라고 생각하는 봉건사상에 갇혀 있는 것 같다. 기업·문화예술·엔터테인먼트·스포츠·IT 기술 등 사농공상에서 공·상이나 예인에 해당하는 분야들은 세계적인 수준에 달해 국위선양을 하고 있는데, 정치·법조·교육·언론 등 시험제일주의자들이 장악한 분야만은 답보 상태임에도 그렇다. 인간이 우주로 나아가는 21세기가 되었어도 이 곰팡내 나는 환상은 좀처럼 깨지지 않는다.

사회의 중추는 누구일까

그룹사 전 직원이 현장을 경험해야 한다는 취지 아래 지방의 공장 생산라인에서 며칠간 근무한 적이 있다. 컨베이어 벨트 위로 끝없이 흘러나오는 부품을 온종일 반복 조립하는 일은 고통스러웠다. 쉬는 시간이 되면 허리가 아파 몸을 가누기도 힘든데, 현장 직원들은 그 잠시의 순간에도 바닥 정리를 하고 설비를 점검하고 있었다. 얼마 안 되는 시간이었지만 많은 것을 느꼈다. 업무 시간의 상당 부분을 인터넷과 SNS, 재테크, 메신저 수다, 흡연 따위로 소모하면서도 시험을 통과한 사무직이라는 이유만으로 당연히 훨씬 많은 급여와 혜택을 받아야 된다고 주장하는 사람들이 있다. 그들의 오만이 오로지 자신들의 세비를 올리는 일에만 급급한 정치인들 못지않다고 느낀다. 지하철 스크린 도어를 수리하다 사망한 청년 노동자, 안전불감증의 식품회사 반죽 기계에 끼어 온몸이 짓이겨진 채로 사망한 여성 노동자보다 쉽게 사는 사람들은 누구일까. 과연 사회의 중추는 누구일까.

사소한 상상력만 동원해도 사회에 대한 이해는 어렵지 않다. 마을이든 국가든, 농사짓고 물건을 만들고 범죄자를 잡고 청소를 하고 예술적 즐거움을 주는 이들만으로 이루어진 세상은 가능하다. 지식과 지혜도 인간의 중요한 덕목이니 이를 갖춘 이까지 있으면 금상첨화다. 하지만 사무직만 모인 세상은 존속 자체가 불가능하다. 각자의 적성과 성향이 다를 뿐인데, 사무·관리직만이 유능하고 우선되어야 한다는 사고는 인간과 공동체에 대한 기본 이해가 부족한 것이다.

인기리에 방영된 KBS2 역사드라마 「고려 거란 전쟁」에도 문신들의 차별에 분노한 무신들이 반기를 들며 국정을 혼란케 하는 사건이 나온다. 그들의 행동에 문제가 있긴 했지만, 거란을 물리친 무신들의 공이 제대로 평가되지 않았다는 것을 깊이 반성한 현종은 난을 평정한 후 제도를 개선하며 고려의 기틀을 잡는다. 하지만 시간이 지나 다시 고려를 망국으로 이끌게 되는 무신 정권이 들어서는 비극이 발생한다. 문신들만 득세하는 세상이 반복되었기 때문이다.

용인 에버랜드의 최고 스타로 떠오른 판다 가족의 전담 사육사이자 '강바오'라는 별명으로 유명해진 강철원 씨가 젊은 시절 겪었다는 에피소드가 떠오른다. 그는 한 관람객이 어린 아들에게 "너 공부 안 하고 엄마 말 안 들으면 저 아저씨처럼 된다"고 말하는 것을 들었다고 한다. 자녀의 행복을 위해 방문한 동물원에서조차 어떤 이들은 기어코 어리석고 차별적인 교육을 한다는 것을 알게 되었다. 이런 사람들보다는 좀 낫다고 스스로 자부하는 부모들은 "열심히 공부해서 저런 분들도 잘 살게 해드려라"고 이야기한다. 어느 쪽이든 직업에 대한 편협한 인식이 드러나는 말이다.

강철원 씨는 "당시엔 많이 속상했지만 다행히 지금은 사육사라는 직업에 대한 인식이 많이 바뀌고 지망자도 많다"며, 자신도 그런 변화에 조금은 기여한 것 같다고 이야기한다. 또한 동물을 공부하다 보니 그들의 식생활과 환경을 알아야 할 것 같아 조경학을 공부했고, 번식의 어려움을 극복하고 싶어 번식학도 공부하게 되었다고 한다.

불면증이나 우울증 치료를 받던 이들이 판다 가족을 보며 힐링을 하고 에버랜드를 일주일에 5~6회씩 방문해 '푸바오 멍 때리기'를 하거나 개장 몇 시간 전부터 도착해 오픈런을 하는 열혈 팬들이 생겨나기까지는 사육사분들의 직업에 대한 자부심과 숨은 노고가 상당했음을 강철원 씨의 인터뷰를 통해 알게 되었다. 영상만 봐도 아주 많은 일들을 하고 계신 것을 알 수 있는데, 한 사람이 46가지 일을 하기 때문에 사육사라고 부른다는 농담이 이해가 될 정도다. 이런 분들의 역할과 능력이 국가고시나 대기업 시험을 통과한 이들보다 못하다거나 낮은 대우를 받아야 한다고 생각하는 분들이 안타까울 따름이다.

차별의 심리는 낮은 자존감

유난히 집단심리가 강하고 우열 가르기를 좋아하는 사람들의 특징은 의외로 낮은 자존감에서 오는 것이라는 연구가 있다. 미국의 사회심리학자 스티븐 페인과 스티븐 스펜서는 명문대 학생으로 구성된 실험 대상자를 두 그룹으로 나누어 가짜 지능 테스트를 받게 했다. 한 그룹에는 당신의 지능이 평균보다 약간 낮다고 하고, 다른 그룹에는 당신의 지능이 평균을 훨씬 웃돈다고 이야기한 후 함께 일할 사람들을 뽑는 업무를 맡겼다.

지능이 높다고 알려준 그룹 사람들은 소수민족 출신의 지원자를 차별하지 않고 더 공정하게 평가했다. 반면 지능이 낮다고 알려준 집단은 소수민족 출신의 지원자는 혹독하게 평가하고 자신과 유사한 대학의 지원자에게만 후한 평가를 내렸다. 흥미로운 점은 실험자들이 함께 일할 지원자를 평가하기 전과 후의 자존감 정도를 조사해보니, 지능이 낮다는 이야기를 듣고 떨어졌던 집단의 자존감 점수가 소수민족 출신들에게 가혹한 점수를 준 후 다시 높아졌다는 것이다.

　결론적으로 자존감이 높은 사람들은 타인의 조건이나 배경을 보며 우열을 나누기보다 개개인의 실력과 특성을 살피는 경향이 크고, 그렇지 못한 사람일수록 강한 집단에 소속감을 갖고 약자를 차별하는 행위를 통해 자존감을 회복한다는 의미다. 개인적인 사회 경험에 의하면 충분히 납득되는 실험 결과다. 내가 알고 있는 사람들 중에서도 똑똑하고 자존감이 높은 이들일수록 스펙이나 배경에 얽매이지 않고 재능과 성품에 집중하는 경향이 강하다.

　그렇다면 유사 이래 최대의 풍요를 누리고 가정에서 귀한 대접을 받으며 성장한 젊은이들이 왜 이토록 서로에게 높은 울타리를 치며 마치 수 세기 전 신분 사회와 같은 모습을 보이는 것일까. 생각해보면 단군 이래 최대의 스펙을 갖췄으면서도 오히려 사회에서는 너무나 혹독하게 자존감을 깎으며 살아와서가 아닐까 싶다. 서열이 확고하고 다양성이 부족한 나라에서 성장하며 오랜 시간 훼손된 자존감을, 좋은 학교와 직장에 소속되어 그렇지 못한 이들을 차별함으로써 회복하려는 욕구가 강해지는 것이라 볼 수 있다.

최근 청년들의 상당수가 정기적인 심리상담을 원하는데, 예전보다 상담에 대한 심리적 거부감이 적어진 이유도 있겠으나 그만큼 삶에 지쳐 있다는 사실의 반영이기도 하다.

최고의 불공정

21세기를 살고 있는 대한민국 청년들의 모습은 아프리카 초원의 스프링복을 떠올리게 한다. 한가롭게 풀을 뜯던 스프링복 무리가 어느 순간부터 한 마리 두 마리 달리기 시작하면, 왜 뛰는지 어디로 달려가는지 모르는 채로 모두 달린다. 다른 놈이 달려가니 자신도 달려가고 자신이 달려가니 또 다른 녀석도 달린다. 그렇게 끝없이 흙먼지를 일으키며 질주하다 벼랑 아래로 떨어지며 몰살당하는 일이 종종 일어난다고 한다.

스프링복과 닮은 청년들의 비극의 원인은 실무 능력보다는 오로지 시험 점수와 특정 스펙으로만 능력을 평가해온 사회에 있다. 다양한 직업의 중요성과 노동의 신성함을 생각하기 전에 서열 경쟁에만 민감해져서 그저 달리고 또 달릴 뿐인 청년들이 안타깝다. 명문대 졸업장이 없거나 장기간의 준비를 요하는 시험에 응시하지 않는 모든 이들에 대한 차별이 그들의 재능과 노력이 부족해서인지, 더 근원적인 불공정과 불합리한 사회 구조에서 비롯된 것인지에 대한 논의가 지속되기를 바란다. 시험은 인재를 뽑는 수단의 일부일 뿐, 유일한 정답도 최선의 해결책도 아님을 현장에서 절감했기에 이러한 편견이 반드시 사라지기를 바라는 마음이다.

세계적인 심리학자 고든 올포트는 인종 간의 차이를 말하기 전에 선행되어야 할 것을 얘기한 바 있다. 사회적 기회의 평등, 동등한 교육의 실현과 동기부여, 서로의 신뢰 등이다. 무수한 가치 판단이 그렇듯이 공정함도 그리 단순하지 않고 쉽게 일반화할 수도 없다. 다만 최고의 불공정은 타인의 삶과 능력을 쉽게 판단하는 편견임을 아는 것이 진정한 지성의 출발점이 아닐까 싶다.

월급 루팡

이태원과 핼러윈에 대한 오해

오래전부터, 그러니까 2, 30대 무렵부터 나는 이태원 거리를 좋아했다. 혈통적으로 순혈일 수 없으나 표면적으로는 단일민족인 나라에서 다국적인 문화를 즐길 수 있는 유일한 곳이어서 그랬던 것 같다. 중식과 일식, 이탈리아의 피자와 파스타 정도가 외국 음식의 전부이던 시기에도 그곳엔 프랑스와 독일, 스위스의 소박한 가정식과 디저트가 있었다. 건강과 장수로 유명한 그리스 지중해식 요리와 불가리아인 셰프의 이국적인 공간이 있었으며, 미국식 펍 문화와 인도·무굴제국식 뷔페 등도 가성비 좋은 가격으로 접할 수 있었다.

해마다 이태원 거리의 중심에서 펼쳐지는 지구촌 축제는 평소 만나기 어려운 중동이나 아프리카, 중남미의 문화를 접할 수 있는 흔치 않은 기회였기에 종종 참여하기도 했다. 음식은 근본적으로 생존을 위한 끼니의 수단이지만 문화를 이해하는 중요한 매개체

이기도 하다. 배낭여행을 하며 여러 나라의 음식을 접하고 원류들을 찾다 보니 인류의 역사와 문명의 흐름이 보였다. 북촌이나 서촌을 비롯한 사대문 안의 동네들이 한국의 역사를 돌아보게 하듯이, 내게 이태원은 간접적으로나마 세계문화사를 공부하고 즐길 수 있는 동네였다. 나와 비슷한 세대에게는 다소 낯설어서인지 언제 가도 붐비지 않는 것도 좋았다.

그런 이태원이 핫플레이스로 등극한 지도 제법 시간이 흘렀다. 술집과 음습한 공간에서 음주가무를 즐기는 것이 유흥문화의 전부였던 경직되고 단조로운 부모 세대와 달리, 축제나 파티를 즐기는 행위가 자연스럽고 당당한 글로벌 세대들이 골목골목 이국적인 공간에서 즐거운 시간을 보내는 친근한 동네가 된 것이다. 해외 정보를 일상적으로 접하면서 새로운 문화경험의 욕구가 증가한 젊은이들에게는 한국을 선망하거나 이미 친근하게 여기는 외국인들을 만나 소통할 수 있는 공간이고, 유학이나 연수나 여행을 다녀온 사람들에겐 향수병을 치유하는 장소이기에 그런 것 같다. 그런 젊은이들이 자신들에겐 크리스마스나 석가탄신일만큼 자연스러워진 핼러윈 축제를 즐기기 위해 모여든 이태원 거리에서 대형 참사가 터졌다. 2022년 10월 29일이었다.

무책임한 행정으로 인해 무고한 생명과 주변인들이 비극을 겪은 사건을 두고, 행사 참가자들이 마약쟁이라거나 근본 없는 외국 문화를 추종하는 겉멋 든 아이들이라며 모욕하는 이들이 있었다.

사건의 책임을 회피하고 은폐하려던 자들이었다. 핼러윈 축제가 대중화된 지는 이미 오래고 이 행사를 즐겨온 사람들 대부분은 지극히 평범한 21세기 대한민국의 젊은이들이다. 이태원 거리는 서양 사대주의에 찌든 철모르는 이들이 다니는 곳이 아니며, 세계적인 도시마다 한두 곳은 있는 다문화 거리일 뿐이다. 핼러윈 행사가 시작된 이후 늘 그래왔던 것처럼 경찰 병력만 좀더 배치했어도 많은 시민들의 즐거운 축제로 기억되었을, 제야의 종이 울리는 종각 거리나 성탄 전야의 홍대 앞과 다르지 않은 축제의 거리였다.

매주 금요일 아침 이태원 참사 유족들을 초청해 가족사를 듣고 고인을 애도하는 라디오 방송프로그램이 있었다. 사연을 들어보면 희생자들은 성실한 근무로 승진을 앞둔 직장인, 어려운 시험을 통과하고 유학을 앞둔 학생, 아비규환 속에서도 친구를 찾거나 타인을 구하려다 숨진 청년 등 그저 하루하루를 열심히 살아가는 평범한 젊은이들이었다. 진정 문제가 심각한 사람들은 그런 평범한 국민들을 보호하지 못하고 그 무능을 덮고자 피해자들을 모욕하는 이들과 그런 이들의 말을 의심 없이 믿을 정도로 세상의 변화를 이해 못 하는 구세대들이 아닐까 싶다.

위기관리의 교과서

도무지 납득할 수 없는 길거리 참변과 155명의 희생자 소식을 들은 순간* 이와는 비교도 되지 않을 위험천만한 긴급 상황에서 155명이 무사히 구조된 실화가 떠올랐다. 위기관리 분야의 교과서로 거론되는 유명한 사례다. 2009년 1월, 뉴욕 라과디아공항을 출발한 1549편 에어버스는 이륙 2분 만에 갑자기 날아든 새 떼와 충돌해 엔진 2개가 동시에 동력을 잃는 위기를 맞게 된다. 관제탑은 가까운 공항에 착륙하기를 권했지만, 당시 비행기의 상태를 고려한 기장 설렌버거는 허드슨강 비상착수라는 특단의 결정을 한다. 지상착륙보다 위험성이 몇 배 높은 수상착수 결정에 관제탑은 당황했지만 더 나은 방법이 없었기에 이를 승낙한다. 교신 종료 후 1분여 만에 한겨울의 강 위에 기체가 불시착했고 승객들은 패닉 상태에 빠졌지만 전원이 무사히 구출된다. 요약된 상황만 언뜻 보면 운 좋은 영웅담 같지만, 구체적 상황을 들여다보면 간단치 않은 교훈과 놀라운 이야기가 담겨 있다.

첫째는 위기관리 능력의 요체는 전문성이라는 점이다. 기체에 대한 완벽한 지식을 가진 기장의 기민한 판단력과 조종기술, 강추위 속 침몰 직전의 흔들리는 날개 위에서 패닉상태인 승객들의 비상탈출을 일사불란하게 이끌어낸 승무원들, 해경·소방서·비상구조대 등 필요한 모든 기관을 침착하고 신속하게 출동시킨 컨트롤러의 대응까지 촌각을 다투는 상황에서 한 치도 빈틈없는 전문

---

* 이후 사망자 수는 158명으로 늘었고, 외상후 스트레스장애(PTSD)로 자살한 사망자 한 명을 더해 총 159명으로 최종 집계되었다.

가들의 노련한 협업이 있었기에 가능한 결과였다.

둘째는 같은 사건이 발생되지 않도록 예방체계를 구축하는 엄격한 시스템이다. 대형 참사의 위기를 극복한 기장에 대한 찬사와는 별개로, 책임을 다루는 조직위원들은 최첨단 시뮬레이션을 통해 그의 위험천만한 선택이 최선이었는지를 꼼꼼히 묻고 검증했다. 그 과정에서 기장도 혼란과 고통을 느끼지만 결국 그의 판단이 적절했음이 증명되고 이후 조종사로서 최상의 명예를 누리게 된다.

매뉴얼에 없더라도 관록과 경험으로 위기를 대처하는 능력, 침몰 직전의 상황에서도 마지막 한 명의 승객까지 살피는 책임감 있는 이들에게도 프로페셔널한 검증을 진행하는 사회를 보면, 몇 년에 한 번씩 대형 사고를 일으키면서도 반성도 개선도 없는 이들의 무능과 나태에 분노하게 된다. 비슷하게 반복되는 사고들이 우연이라 할 수 있는 것인지도 묻지 않을 수 없다. 맡은 일에 전문성도 책임감도 없는 이들이 정파성이나 연고로 지위를 차지한 곳에서는 늘 사건사고와 참사가 반복된다. 조직 소통이 원활하지 않고 신상필벌이나 논공행상이 공평하지 않으면 성실히 일하던 사람들도 의욕이 저하되기 때문이다. 모든 대형 재난의 원인이 최종 리더의 책임으로 귀결되는 이유도 거의 모든 사고 과정에 부실인사나 부정거래, 불통의 리더십이 개입되기 때문이다.

유능한 리더의 역할

오랜 시간 직장생활을 하며 모든 순간 만전을 기했고 큰 위기 없이 직무를 수행했던 나도 불통의 리더를 만나 비슷한 경험을 했다. 점차 일에 지치면서 사소한 실수를 하는 내 모습을 발견하고, 이런 식으로 의욕 없이 일할 거면 그만하는 게 낫겠다고 결심했다. 열정이 시들거나 사라지고, 핵심과 디테일을 꿰뚫어 장악하지 못하는 전문가나 책임자라면 물러나는 것이 옳다고 생각했기 때문이다. 자신에게 주어진 십자가의 무게를 짊어지기보다는 오직 권력과 금력에 눈멀고 꿀만 빨려는 이들이 모여든 집단만큼 위험한 것이 없다. 일개 회사 관리자도 사소한 실수를 하게 된 스스로의 상태가 한심하고 민망해서 고민하는데, 사회적 참사의 책임자들이 미안함도 부끄러움도 모른 채 자리를 지키고 있는 모습을 보는 것이 통탄스럽다.

리더나 책임자는 격노하거나 아랫사람을 처벌하는 자리가 아니다. 전문성과 지혜를 통해 더 나은 성과를 만들고, 주위를 독려하고 의욕을 북돋아 재난과 사고를 예방하는 자리다. 온라인이든 오프라인이든 중요한 이슈에 당면했을 때 사람들의 반응을 들여다보면 공통점이 보인다. 특정 분야의 전문성이나 사안에 대한 이해가 부족한 이들일수록 분노나 처단, 응징 같은 감정적 배설을 쉽게 해결책으로 제시한다.

반면 진정으로 관심이 있는 분야이거나 전문적 식견이 깊은 사람들은 원인 분석과 문제 해결에 집중한다. 사건이 사회적 이슈가 될 정도에 이르렀다면 드러난 문제는 대개 빙산의 일각이고, 더 큰 핵심 원인이나 배후가 있음을 알기 때문이다. 사람 사는 세상에 사고는 언제든 발생할 수 있지만, 설렌버거와 당시 책임자들처럼 유능한 전문가와 리더들은 피해를 최소화하고 세심하게 재발 방지 대책을 세운다. 평안한 일상은 운이 좋아서가 아니라 이렇게 각자의 위치에서 문제를 예방하는 무수한 이들의 숨은 노고와 실력으로 유지되는 것이다. 최소한 자기 업무의 기본은 하고 있는 일반 직원보다 나을 것이 없는 데다가 무능하면서도 호령만 하는 상사나 공직자를 요즘 세대들은 월급 루팡, 즉 월급 도둑이라 부른다.

젖과 꿀이 흐르는 땅

광야를 헤매는 이유

나의 종교적 정체성은 선명하지 않다. 가톨릭과 개신교 모두의 세례를 받은 신자이기도 하지만 불교의 철학에 끌리고, 평소엔 무신론에 가까운 과학 기반의 서적을 주로 읽는다. 『아라비안 나이트』를 그림책으로 만난 유년 시절부터 이슬람의 건축과 문화에 매혹되어 지금도 중동과 북아프리카, 스페인 남부 여행의 추억에 자주 젖어들고, 고대 이집트 종교의 무덤 벽화, 콥트교, 힌두교, 티베트 밀교 등의 소소한 상징물들을 간직하고 있기도 하다. 신비와 오컬트, 영적 세계에도 흥미가 많지만 정확히는 인류학적인 관심에 가깝다.

그럼에도 불구하고 최근 기독교에 대해 계속 생각하게 되는데, 특히 모세가 광야에서 보낸 40년에 대한 부분이다. 최단거리로 약 2주, 안전 경로로 이동해도 두세 달이면 도착했어야 한다는 '젖과 꿀이 흐르는 땅, 가나안'을 가까이 두고 유대 사람들이 그토록 오랜 시간 헤맨 이유가 무엇일까. 신학 전문가들이나 신앙심 깊은 분들은 신을 제대로 믿지 못한 자들에 대한 천벌이라거나 그들이 더욱 강해지도록 연단하는 과정이었다고 해석한다. 종교적으로는 지당한 추론이라 생각하지만, 광야의 시기에 대한 나의 관심은 요즘 한국 사회가 마치 애굽에서 탈출한 유대인들의 모습과 비슷하다는 생각에서 출발한다.

봉건시대의 잔재와 강력한 독재에 갇혀 있던 대한민국이 민주주의로 들어서기까지의 과정은 고통스러웠다. 무수한 이들이 이집트 땅에서의 유대인 노예들처럼 제국주의 일본과 천황을 위해 대동아전쟁의 총알받이로 소모되었고, 그들의 영광을 위한 노동자나 위안부로 참혹한 삶을 살았다. 모세 같은 독립 유공자들의 도움으로 일제에서 벗어나는가 했더니, 광야에서 분열된 유대인들처럼 동족끼리 갈라져 서로를 죽이고 응징하는 혼란의 시대를 겪었다.

어떤 이는 위대한 권력자와 재벌이라는 우상을 숭배하며 부의 성전을 쌓았고, 어떤 이는 채찍보다 더한 고문으로 목숨을 잃기도 했다. 그러나 메시아에 대한 굳건한 믿음과 같은 더 나은 사회로의 열망이 결국 고난의 땅을 탈출하게 했고, 홍해를 건너는 기적처럼 세계의 무수한 식민지 국가들이 건너지 못했던 가난과 독재의 벽도 헐어내며 희망을 향한 행군이 시작되었다. 돌아보면 모든 것이 기적 같고 은총 같은 시간이었다. 그런데 손 뻗으면 닿을 거리에 있으리라 생각했던 성스럽고 아름다운 민주주의와 행복한 세계는 세월이 흘러도 그 위치가 묘연하기만 하다.

가나안으로 가는 길에도 끝없이 새로운 우상을 섬기던 자들처럼 예수의 이름을 팔아 이웃과 국민, 민주주의를 위험에 빠뜨리는 사이비 종교인들이 난립한다. 이집트에서 노예로 살던 시기가 훨씬 나았다고 끝없이 불평불만을 쏟아내던 자들처럼, 차라리 일제 강점기가 살기 좋았고 군부독재 시대가 고마웠다는 이들이 언론과 거리를 누빈다.

인간은 참으로 망각의 동물인 것 같다. 학생들이 군 출신 교관에게 총검술과 제식훈련을 배우고 대학 캠퍼스에는 형사와 경찰들이 진을 치던 시대, 맥락 없이 영화를 가위질하거나 「아침이슬」 같은 서정적인 노래마저 반정부적이라며 금지하던 시대, 무고한 예술가나 국민들을 고문하고 죽여도 말 한마디 못 하던 시대를 그리워하다니 말이다.

수천 년 전이나 21세기나 광야를 헤매는 데는 다 이유가 있는 것 같다. 최근 AI가 교련복 입은 학생들의 영상을 불법으로 규정한 것을 본 적이 있다. 인공지능도 판단하는 부조리를 어떤 이들은 망각이라는 생물학적 필터를 거치며 같은 실수를 반복한다.

민주주의란 무엇일까. 다름을 넘어서는 이기심과 극도의 어리석음을 지켜보면서 법적 조치도 분노도 자제하고 견뎌내야 하는 지난한 득도의 과정인 것일까. 모세는 광야를 헤매는 동안 일어나는 온갖 천태만상을 보며 끝없이 기도하고 설득했다고 한다. 비겁하고 나약한 인간이란 존재는 예나 지금이나 무자비한 자 앞에서는 한없이 약하고, 관대한 자 앞에서만 발톱을 드러낸다. 모세도 인간이기에 신께 빌어 불벼락이라도 내리고 싶었을 텐데 끝없이 인내하며 스스로를 성찰했다고 한다. 그가 역사상 가장 위대한 지도자 중 하나로 불리는 이유일 것이다. 그런 지도자들을 도무지 찾기 어려운 지금 대한민국은 어디쯤에 있는 것일까. 이곳은 광야일까, 소돔일까, 민주주의가 가장 화려하게 꽃핀 시기일까, 고생 끝에 도착하니 젖도 꿀도 없었다는 가나안의 종말일까.

한국인의 회복 탄력성

작년 말 미국에서 가장 영향력 있는 인플루언서이자 세계적인 베스트셀러 『신경 끄기의 기술』의 저자 마크 맨슨이 한국을 찾았다. 한국에 오래 살고 있는 외국인들을 비롯해 심리학자, 정신과 전문의 등 다양한 이들을 만나본 그는 "세계에서 가장 우울한 나라 한국"이라는 분석을 담은 영상을 유튜브에 올려 화제가 되었다. 전 세계에서 가장 단시간에, 더구나 식민지 경험을 가진 나라 중에서는 거의 유일하게 경제적 기적을 이룬 나라, 짧은 시간에 문화와 미디어 분야까지 석권하고 한류라는 새로운 흐름을 주도하는 나라. 하지만 동시에 불안과 우울, 자살률 또한 세계 최고가 되어버린 이 나라가 마크 맨슨의 호기심을 끌게 된 이유가 무엇일까. 아마도 그 스스로 인간이 추구할 것과 버릴 것이 무엇인지에 대한 고민을 치열하게 했던 작가이기에 관심을 갖게 되었을 것이란 생각이 든다.

그는 대한민국이 이토록 극단적인 현상을 보이는 이유로, 오랜 시간 국가를 지탱해온 철학이자 종교인 유교와 새롭게 흡수한 자본주의 사이에서 각각의 장점은 버리고 단점만 극대화된 현상을 지목한다. 즉 유교가 중시하는 가족주의와 관계 친밀감 같은 정서적 장점은 희석된 반면 계급·권위주의와 타인의 시선을 의식하고 개성을 질타하는 태도는 남아 있고, 자본주의의 장점인 자율성 중심의 개인주의와 실패에도 자유로운 도전정신은 흡수되지 못한 반면 물질주의·배금주의로 인한 경쟁체제는 극심해졌다는 것이다.

무엇보다 아픈 지적은 삶의 가치에 대한 순위였다. 마크 맨슨은 보통의 서양 사람들이 꼽는 우선순위는 1위가 정신과 신체의 건강, 2위가 인간관계, 3위가 경제력인 데 반해 한국은 1위가 경제력, 2위가 건강, 3위가 인간관계여서 많이 놀랐다고 한다. 이런 분위기에서 사람들은 겉은 화려하지만 내적으로는 고립되고 황폐해질 수밖에 없다. 여기에 식민지와 동족상잔의 내전에 분단이라는 특수성까지 겹치며 생존에 대한 불안감이 커진 기성세대들의 교육체계가 젊은이들에게 엄청난 부담감을 안긴 듯하다고 분석한다. 방문 전 이미 많은 자료를 찾아보고 생각을 정리했겠지만, 마흔

전후의 외국인이 짧은 시간 한국에 체류하며 내린 진단치고는 통찰력이 있다.

때로 모든 문제는 당사자가 아닌 이들 눈에 더욱 명확하게 보이기도 한다. 한 통 속에 있는 이들은 서로 부딪치며 갈등하느라 어디서부터 실이 엉키기 시작했는지 실마리를 찾는 노력에 게을러지기 때문이다.

이 다이내믹한 에너지 속에서 그가 발견한 것은 자신들의 문제를 숨기기보다는 인정하고 해결책을 찾으려는 적극성과, 어떤 어려움이나 난관에 처하든 이를 타개하고 방법을 찾는 한국인들의 놀라운 회복 탄력성이다. 그는 이것이 한국의 진짜 슈퍼 파워인 듯하다는 소감을 남겼다. 남의 나라를 비평했으니 예의상 칭찬을 덧붙인 것일 수도 있겠지만, 이 또한 우리 스스로 인정해온 부분이기도 하다. 회복 탄력성이란 역경과 고난으로 인해 심리적·육체적 타격을 겪은 후에도 무너지지 않고 이전 수준으로 회복할 수 있는 능력을 말한다. 삶의 균형성과 건강을 유지하는 코어 근육이라 할 수 있다.

기억에 남는 또 다른 긍정적인 평가도 있다. 프랑스에서 살다온 흑인 여성은 차별이 많은 프랑스보다 한국이 살기 좋다고 한다. 한국도 인종이나 민족에 따른 차별이 많지 않으냐는 질문에 그는 한국도 그런 면이 있지만 다른 점이 있다고 답한다. 백인 국가들의 차별이 뿌리 깊은 우월의식에서 비롯된다면, 한국인의 차별은 잘 모르는 이방인에 대한 경계에 가까워서 일단 이해하고 나면 매우 친화적이라는 것이다. 모든 백인과 모든 한국인이 그렇지는 않겠지만, 타인이 바라보는 우리 사회의 일면을 알게 되었다.

대한민국이라는 무형의 공동체를 생각하는 사람들의 심경도 비슷할 것 같다. 어느 날은 자랑스럽고 뿌듯했다가, 어느 날은 참담하고 암울했다가, 어느 날은 다시 희망을 갖게 되는 날들의 반복이라는 점에서 그렇다. 하지만 한국을 찾아 보금자리를 꾸민 수많은 외국인이 증언하고 우리 스스로도 그렇게 믿듯, 한국은 충분히 저력과 매력이 있는 공동체이기는 한 것 같다. 모세 같은 지도자를 찾을 수 없다면 서로를 믿고 신뢰하며 계속 나아가는 수밖에 없다. 오랜 시간 그래왔듯이.

2

공감불능 시대의 다정한 위로

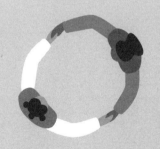

드라마가 건네는 위로

가난한 애정의 굴레

"난 어릴 적부터 과부가 새 남자를 만나는 건 조금도 이상한 일이 아니라고 생각했어."

오래전 하늘이 내린 이야기꾼 천명관 작가의 『고래』를 읽고 대화를 나누던 중 한 선배가 한 말이었다.

"내가 어촌에서 태어났잖니. 폭풍이 치고 난 다음 날은 바닷가에서 우는 여자들이 있었지. 남편을 잃은 거야. 애들 데리고 어떻게 살겠어. 누구하고든 살아야지. 그걸 욕하는 게 이상한 거지. 작부에 대한 시선도 그래. 어촌으로 흘러 들어온 그 누나들하고도 친했는데 평범하고 착한 이들이 대부분이야. 그저 가난하고 배운 게 없어서 그리된 것밖에 없더라고."

리얼리즘인지 판타지인지 모호한 소설 속의 삶이 현실로 이해되는 순간이었다.

어린 시절 접했던 소설이나 영화 속 여주인공들은 왜 그리 답답한 삶을 사는지, 왜 더 주체적이지 못한 건지 잘 이해하지 못했다. 양심 없고 폭력적인 남자를 만나 심신이 상하고 일상이 파괴되는데도 저항조차 제대로 못 하니, 삶은 늪처럼 몸부림칠수록 더욱 깊이 가라앉기만 한다. 더 고통스러운 것은 그런 주인공들이 애지중지 키워낸 자식들의 모습이었다. 아들은 야비한 아버지를 그대로 닮고 딸은 애처롭고 비극적인 여주인공의 삶을 복제한다. 사람들은 '그게 다 박복해서 그렇다'거나 '남편 복 없는 여자는 자식 복도 없다'며 하늘의 뜻으로 치부했다. 하느님은 왜 어떤 집안에만 그토록 매정한지 모르겠지만, 이런 믿음의 악용에 종교인들도 한 몫 한다는 건 알 수 있었다.

세상의 이치를 깨닫고 보니 그것은 하늘의 뜻이 아니라 가난한 정서의 악순환이었다. 부모의 갈등과 폭력 속에 방황하고 상처받은 아이들은 자라면서 다시 세상과 불화하기 쉽다. 가난한 경제의 굴레가 그렇듯 가난한 애정의 굴레에도 한 번 들어가면 벗어날 길이 막막해지는 것이다.

21세기의 사랑법

몇 년 전 KBS2 화제의 드라마 「동백꽃 필 무렵」은 이런 굴레를 조금씩 허물어가는 사람들의 이야기였다. 어려운 환경 속에서도 지지해주는 존재를 만나는 사람과 그렇지 못한 사람의 차이가 행복을 결정한다는, 모두가 알고 있지만 실천하기 어려운 이야기를 건강한 약선 요리처럼 찰지고 윤기 나게 풀어놓았다. 배경이 된 '옹산'이라는 가상의 마을은 불과 얼마 전까지도 우리 사회에서 흔히 볼 수 있던 모든 것이 오픈된 투명한 공간이다. 이런 마을엔 비밀이 없다. 젖먹이 시절부터 죽는 날까지 서로를 지켜보는 사람들, 알고 싶지 않아도 눈으로 귀로 흘러 들어오는 누군가의 은밀한 사생활과 행동들, 묻지 않아도 시시콜콜 알려주고 걱정스러운 듯 충고하는 사람들이 존재한다. 이들은 때로는 울컥 눈물이 날 정도로 힘이 되는 따스한 존재이지만 어느 순간 무섭게 냉기를 뿜으며 뒤돌아서기도 한다. 옹산 주민들도 처음엔 주인공 동백에게 잔인하게 굴지만 어느 순간부터 그녀를 받아들이기 시작한다.

무엇보다 많은 이들의 가슴을 설레게 한 것은 '촌므파탈' 시골 경찰과의 순박한 유기농 로맨스 속에 담긴 건강한 여성관, 아니 인간관이었다. 남자 주인공 용식은 옹산을 벗어나 본 적이 없는 듯한 소박한 젊은이지만, 어느 고학력 도시청년보다 사회적 올바름과 관계의 기본을 잘 알고 있다. 홀어머니 밑에서 자란 아들에 대한 선입견을 비웃듯 밝은 성격으로 사람들과 조화롭게 지낸다. 뜨거운 마음을 솔직히 표현하는 직진남이면서도 자신만의 감정에 빠지지 않고 배려할 줄도 안다. 경찰 공무원인 자기 직업에 자부심이 강하지만 생계를 위해 술집을 하는 동백을 비웃지 않으며 열심히 사는 모습을 존중할 줄도 안다. 공감 능력과 사회 개념이 잘 조화된 인간형이다.

비슷한 시기에 화제를 모았던 tvN 드라마 「미스터 션샤인」 역시 시대를 통찰한 작품이다. 여성들의 판타지를 자극하는 남성상이 모두 등장해 각자의 매력을 분출하며 여심을 흔들었지만, 결말은 기존의 서사와 전혀 달랐다. 일제의 국권 침탈 시기의 비극적인 정세 속에서 세 남성 모두 죽음으로 최후를 맞이하고, 홀로 남은 여주인공은 독립군으로서 자신의 길을 걸어간다. 재벌가 청년이든 가난하지만 똑똑한 청년이든 여성의 삶의 목표가 늘 더 멋진 남성이었던 드라마 공식을 과감히 벗어난 것이다.

구한말 신여성이었던 주인공은 사랑을 이어가기보다 노회하고 불의한 이들을 응징하고 처단하는 전사로 살아가는 길을 택한다. 결기를 지닌 독립적인 여성이 많은 이들의 지지를 받은 것도, 그런 여성 곁에서 함께하고자 했던 남성들이 시대의 비극 속에 희생된 점도 시사하는 바가 크다. 굴곡진 세상은 여성에게만 힘든 것이 아니라 올바름을 실천하려는 남성들에게도 가혹하다는 것을 보여주기 때문이다. 두 드라마는 전혀 다른 시대, 다른 삶의 여성과 사랑 이야기를 보여주지만, 성 역할보다 인간의 역할을 중시하는 시대의 흐름을 정확히 보여준다.

냉정한 능력남, 열정적인 마초남, 지고지순한 순정남 중 하나를 선택해야 하는 순정만화 시대의 연애 공식은 불확실한 희망을 품은 타로카드 뽑기와 비슷하다. 그들이 가족 부양이라는 명목으로 군림하는 남자, 집착과 폭력을 열정으로 아는 남자, 반려자라기보다 덩치 큰 아들 같은 철없는 남자로 변화되어버린 비극적인 사연들을 주위에서 충분히 목격할 수 있기 때문이다. 드라마는 골라 먹는 31가지 아이스크림 같은 달콤한 판타지를 선사하지만 현실은 이와 다르다. 실제 가족이 되었을 때에는 버거울 수 있는 극단적 캐릭터의 남성들보다는 활기차면서도 공감할 줄 아는 매력의 용식이 같은 주인공이 새롭게 떠오른 이유다.

폭발적인 인기를 얻었던 드라마 「이상한 변호사 우영우」에 등장하는 사랑도 그랬다. 이 드라마는 자폐 변호사라는 흔치 않은 소재를 다뤘지만 우영우의 영웅적 활약기나 승리가 아닌, 자폐라는 다소 다른 시선을 통해 다양한 사회적 주제에 질문을 던지고 여백을 남겨두었다. 특히 장애인의 사랑과 성적 자기결정권에 대해 어디까지가 보호이고 어디까지가 존중인지를 묻는 에피소드가 인상 깊었다.

장애인 딸을 둔 부모가 딸이 사랑하게 된 남성을 준강간 혐의로 고소한 사건이 이야기의 출발이다. 부모는 그 남성이 자신의 딸을 사랑하는 척하며 성적으로 유린하고 사기를 쳤다고 주장하지만 정작 당사자들은 사랑하는 사이라고 강변한다. 일화는 우영우의 동료 변호사의 원나잇 경험을 보여주며 물음표를 남긴다. 비장애인은 자신이 원한다면 나쁜 남자를 선택해 잠시 즐겨도 되는데, 장애인은 사랑하는 사람과의 만남까지 타인이 결정하고 보호해야 하는 것일까. 아니면 방관해야 하는 것일까. 비장애인 간의 육체관계는 자유로운데, 장애인과의 육체관계는 늘 연민이거나 사기일까. 장애인을 진심으로 사랑한다는 말을 결코 믿지 못하는 것이 오히려 더 깊은 차별은 아닐까. 누구도 쉽게 대답할 수 없고, 그래서도 안 되는 어려운 질문들이었다.

많은 좋은 드라마가 그렇듯 작가의 섬세함과 배려, 그리고 깊은 고민이 느껴졌다. 여성과 사랑이라는 주제에 장애인의 성적 자기결정권이라는 생각할 거리가 등장할 수 있는 것도 사회가 한 걸음 더 나아간 모습으로 느껴진다.

드라마에 빠져드는 이유

드라마는 가짜다. 가난한 여성의 옥탑방에 이런저런 사연으로 재벌 3세가 들어와, 티격태격 싸우다 알콩달콩 연인으로 발전할 확률은 맑은 날 번개 맞을 확률과 비슷하다. 별다른 배경도 경력도 없는 대기업 인턴이 수북한 서류철을 낑낑거리며 들고 가다가 하필 유니콘 같은 능력남과 부딪혀 불꽃이 튀고, 남부러울 것 없는 멋진 남자들이 경쟁하듯 주인공에게 목숨 걸고 덤벼들 확률도 마찬가지다.

그러나 잘 만들어진 이야기는 다양한 생각과 해석을 불러일으키는 촉매제 역할을 하며 동시대의 의식과 무의식을 드러낸다. 수많은 여성이 드라마에 빠져드는 이유는 드라마만이 여성들을 유린하는 악당이나 연쇄살인범의 뒤통수를 후려갈기거나 장총을

겨누고 응징하며, 복수를 도모하는 여성과 연대하는 남성상으로 작은 위로를 건네기 때문이다. 오직 드라마만이 폭력적인 남자에게서 벗어나 겨우 자기 삶을 한 걸음 내딛는 여성이나 장애 여성에게 더 멋진 연인과 의리 있는 동료들을 통한 구원의 손길을 내밀어주기 때문이다.

아동·청소년을 협박해 성착취물을 만들고 유포하고 즐긴 이들이 초범이라서, 깊이 반성해서, 전도유망한 명문대생이어서 솜방망이 처벌로 끝나는 사회에서 젊은 여성들은 점점 남성들을 믿지 않고 결혼도 연애도 회피한다. 더 이상 구시대 소설 속 여성들처럼 자신을 방치하거나 굴레에 갇히지 않는 유일한 방어 수단이라서다. 남성 모두가 잠재적 범죄자는 아니지만 무수한 가해자가 남성인 것은 사실인데, 사회도 마을도 조직도 모두 이를 방치하고 있기 때문이다.

「UN 미래보고서」는 인구 축소로 지구에서 가장 빨리 사라질 나라로 한국을 지목했다. 이미 한국은 저출산 1위 국가에 등극했다. 어떤 이들은 0.6~0.7명대의 합계 출산율은 저출산이 아니라 비출산 시대라고 보는 것이 정확하다고 진단한다. 1.6~1.7명대의 미국 같은 국가가 저출산 국가로 불리고 있기 때문이다.

이런 미래가 좋은 것인지 나쁜 것인지 판단하기 어렵고, 대개의 사회는 선진화될수록 출산율이 낮아지는 것이 사실이다. 분명한 것은 이런 추세를 감안하더라도 한국사회의 젠더갈등은 정상

범위를 많이 넘어서 있고, 좀처럼 해결될 기미가 보이지 않는다는 것이다. 갈등과 두려움의 원인을 깊이 있게 살피고 대안을 구축하기보다 남녀의 반목을 통해 표를 얻으려는 정치인이 득세하는 사회의 필연이라 할 수 있다. 자신의 자녀는 애지중지하면서도 세상의 다른 딸들의 삶엔 무심한 사회의 필연이기도 하다.

구한말의 여성과 21세기의 여성은 많이 다르지만 여전히 닮은 점이 있다. 드라마와 영화, 소설 같은 가상세계 속에서만 폭력적 현실의 두려움과 분노를 해소할 수 있다는 점이다.

21세기 가족과 시누이 페미니즘

내로남불의 양면성

몇 해 전 추석 무렵 SNS에서 며느리들이 공동으로 구매하자는 티셔츠를 보고 웃음이 터졌다. 세계 각국의 욕이 쓰여진 디자인에 가장 크고 선명하게 자리한 한국어 '씨발' 때문이었다. 코로나 이전엔 제사 회피용 가짜 깁스 유머가 유행하더니 명절마다 시댁 스트레스와 관련된 유머들이 떠돈다.

언젠가부터 명절파업을 선언했다거나, 제사 음식 사진만 봐도 울렁증이 난다는 이들이 많아졌다. 명절이 지나면 이혼이나 분쟁이 잦아진다는 것도 이미 알려진 사실이다. 내 주위의 지인들을 둘러봐도 시댁과 관계를 끊었다거나 거리를 둔 사람들이 상당수 있는 것을 보면, 일부 집안만의 문제가 아닌 것 같다.

모든 가치관이 급변하는 세상이라 세대가 다른 고부 사이의 갈등을 피하기는 어렵겠지만, 기묘한 것은 또래 여성들과의 갈등이다. 시누이가 매년 친정에 와서 꼼짝 않고 놀다가 본인의 시댁 제사에 쓸 요량으로 며느리인 자신이 만든 음식만 챙겨간다는 뉴스를 접했다. 남편에게 하소연했지만 소용이 없다는 호소에 댓글창이 폭발한다. 그런 집안의 남자가 달라질 리 없으니 더는 기대하지 말고 빨리 이혼하라는 강성 의견이 지배적이다. 겨우 시댁 제사를 끝내고 친정에 갔는데, 시누이들 놀러오니 같이 밥 먹자며 다시 호출한다는 글도 보인다. 21세기에 '며느리는 벙어리 3년, 귀머거리 3년' 운운하는 시누이도 있다고 한다. '때리는 시어머니보다 말리는 시누이가 더 밉다'는 옛말이 아직 옛말이 아닌가 보다.

아무리 생각해도 모를 일이다. 한 자녀가 대세가 되어버린 근미래는 양상이 달라지겠지만, 아직은 많은 이들이 누군가의 며느리인 동시에 시누이이기도 하다. 한 사람이 정반대의 역할을 수행하다 보면 자연스레 역지사지의 성찰이 이루어질 듯한데, 어째서 시누이일 때와 며느리일 때의 마음가짐이 그리 달라지는 것일까. 시댁의 폭력성에 분노하고 절연까지 하는 높은 인권의식을 가진 여성들이 어떻게 같은 처지의 다른 여성에겐 그토록 내로남불의 양면성을 보일 수 있는 것일까. 자리가 바뀐다고 그렇게까지 다른 모습이 될 수 있을까. 자신이 당한 만큼 다른 약자에게 돌려주고 싶은 보상심리라도 발동하는 것일까, 아니면 어느 곳에서나 자신의 입장만 생각하는 양심 없는 사람들일까.

가족애의 충분조건

누군가의 시누이로 살게 된 지 10년쯤 되었다. 서로에게 익숙지 않았던 잠시의 어색한 시기를 제외하고는 거의 갈등이 없었다. 가족 구성원들의 인품이 특별히 훌륭하거나 모두가 한량없이 착한 성정이어서는 아닌 것 같다. 나는 오히려 무조건적 선량함이나 일방적인 베풂, 인내심으로 대하는 관계는 시간이 지나면서 섭섭함이 쌓여 더욱 큰 갈등을 빚을 수 있다고 생각하는 쪽이다.

별다른 갈등이 없었던 첫 번째 이유는 서로에게 많은 기대를 하거나 너무 빨리 가까워지려고 하지 않고 적당한 거리를 두었기 때문인 것 같다. 나는 평소 육아 영상을 즐겨 보는데, 요즘 자주 보는 것은 미국인 남성과 한국인 여성이 결혼해 두 딸과 함께 미국에 살고 있는 올리버 가족이다. 올리버 부부의 집 가까이에 살고 있는 시부모님은 언제나 약속 후에 방문하고 반드시 노크 후에 문을 열어주어야 들어오신다. 며느리가 바쁘거나 아파서 방문을 거절해도 섭섭해하지 않는다. 시부모님 댁에 올리버 부부가 가면 시부모님이 며느리를 초대한 것이니 본인이 음식을 하고 아들과 며느리는 누워 있거나 앉아서 편히 쉰다.

이런 올리버 가족을 보고 있으면 우리 집과 매우 비슷하다고 느낀다. 엄마는 딸인 나의 집에도 반드시 묻고 방문하셨고 냉장고도 나의 공간이라 생각하고 함부로 여신 적이 없다. 서양식과 동양식의 차이라기보다는 가족 간에도 서로의 시간과 공간을 존중해야 한다는 의식의 문제인 것 같다. 특히 사위나 며느리는 가족이기도 하지만 손님이기도 하다는 점을 염두에 두어야 한다. 하루이틀 볼 사람이 아니라 평생 같이 갈 사람이라는 점을 생각하면 조급할 필요가 없는 것 같다. 돌이켜보면 좋은 친구들도 오랜 시간에 걸쳐 신뢰가 쌓이며 만들어진다는 점에서 비슷하다.

두 번째는 사람은 누구나 다르다는 사실을 인정하기 때문이라고 생각한다. 수십 년을 함께 살아온 가족들끼리도 서로 달라서 가끔은 못마땅할 때가 있는데, 성인이 다 되어 만난 이들이 처음부터 합이 맞을 리가 없음을 전제로 하는 것이다. 원가족 구성원들의 개성과는 또 다른 문화적·성향적 차이를 이해하는 데는 시간이 걸릴 수 있지만, 다름과 틀림의 차이를 구분한다면 큰 갈등은 피할 수 있다.

세 번째는 생활 속에 내재한 권력 관계나 무감해진 인습을 늘 돌아보고, 여성의 지위에 대한 고민을 내 일상에 적용해보는 것이다. 현 시대의 기본 철학이 된 페미니즘을 그저 이론이나 자신만의 지위 향상 욕구로 한정 짓는 것이 아니라, 이제 가족이 된 새로운 구성원에게도 비추어 적용하는 노력이 필요하다는 것이다.

나의 경우는 결혼 후 얼마 안 되어 임신한 올케의 부담을 덜기 위해 출산과 육아를 하는 몇 년간 명절이나 집안 제사는 내가 사는 집에서 내가 준비했다. 명절 전날 온 가족이 함께 장을 본 후 음식은 나와 엄마가 장만하고, 동생네는 명절 아침 우리 집에서 제사를 지낸 후 처갓집에 내려가 묵고 오는 일정이 자연스레 정착되었다. 조상의 제사를 아들만 주관해야 하는 것도, 동시에 며느리는 일꾼으로만 존재하는 구조도 불합리하다고 느꼈기 때문이었다. 직업과 생활방식에 따라 아들이 음식 준비를 할 수도 있어야 하고, 딸이 제사를 주관할 수도 있어야 하지 않을까. 모든 사회 집단의 갈등에는 지나치게 편파적이고 불균형한 의무와 권리의 분배 문제가 존재하는데, 고부 갈등 역시 그 대표적인 사례 중의 하나다.

몇 년 전 남동생과 함께 해외에 거주하게 된 올케는 아무도 요구하지 않았지만 명절이나 돌아가신 아버지의 제삿날을 챙겨 사진이나 영상을 보내온다. 무조건 순종하는 세대도 성향도 아닌데, 그간의 관계 속에서 스스로 행하는 것이라 고마울 따름이다. 혈연이나 서류는 가족애의 필요조건이지 충분조건이 아니다. 모든 구성원에 대한 이해와 합리적이고 적절한 예의가 더 깊은 가족애의 충분조건이 아닐까 싶다.

시누이라서 할 수 있는 일

시집살이의 갈등을 줄이기 위한 기본적인 배려가 소극적인 노력이라면, 조금 더 적극적으로는 시누이기에 해줄 수 있는 일들도 많은 것 같다. 때리는 시어머니를 말리는 척하는 얄미운 시누이가 아니라, 시어머니가 며느리를 때리거나 오해하지 않도록 완충 역할을 하기에 가장 좋은 위치가 시누이이기 때문이다. 여성의 심리를 잘 모르는 남성들이 고부갈등을 해결하는 것은 그리 쉬운 일은 아니다. 자칫 나섰다가 오히려 관계를 더욱 악화시키기도 하고, 어느 한쪽의 가슴에 대못을 박기 십상이다. 부인을 보호하려다가 가족관계가 단절되는 결과로 이어지기도 한다. 하지만 어느 정도 눈치 있는 시누이라면 양쪽 입장 모두를 잘 이해할 수 있어서, 오해가 생길 조짐이 보일 때 조정자 역할을 하기에 제격이다.

엄마는 연세치고는 합리적인 분이라 갈등요소가 그리 많지는 않았지만 어쩔 수 없는 세대차이가 느껴질 때가 종종 있는데, 며느리와 비슷한 세대인 내가 설명을 해드리면 꽤 효과적이다. 만약 딸인 내가 그런 상황일 때 나의 부족한 점을 시어머니가 어떻게 받아들이면 좋을지 환기시켜 드리면 빠르게 이해하고 수용하신다. 서로 다른 삶을 살아온 이들이 만나 서로를 탐색하고 이해하며 건너야 할 강에서 시누이는 가장 좋은 뱃사공 역할을 할 수 있다.

또한 시누이는 핏줄인 남자 형제와 올케와의 부부 갈등에도 도움을 줄 수 있다. 살아가면서 절실하게 느끼는 것은 수십 년 함께 산 가족이나 부부도 서로를 잘 모를 수 있다는 점이다. 내가 낳아 기른 자식이 맞냐고 절규하는 부모, 평생 모르던 반려자의 모습을 알게 되었다는 하소연의 원인은 자신이 아는 모습은 오로지 자신과의 관계에서만 보여지는 특성일 경우가 많기 때문이다. 극도의 이기주의자나 나르시시스트가 아니라면, 더구나 자신에게 소중한 사람이라면 누구나 합을 맞추기 위한 어느 정도의 변신을 하기에 나타나는 현상이다.

　남동생을 잘 안다고 생각했지만 올케와 대화를 하다 보면 내가 모르는 동생의 모습이 있다. 올케가 바라보는 우리의 모습에 우리가 몰랐던 새로운 관점이 있어서 신선했다. 마찬가지로 올케가 남동생을 바라보는 관점 역시 부인으로서의 입장에서 파악하는 것이라서, 내가 이해하는 동생의 특성과 가족사를 얘기해주면 도움이 되기도 한다. 대개의 사람은 늘 감성적이거나 이성적이기만 한 것이 아니고 완벽하게 한쪽만 옳을 수도 없기에, 깊이 있고 솔직한 대화만큼 좋은 것이 없는 것 같다.

　언제부턴가 올케가 함께 뭔가를 하자는 제안을 자주 하는 것을 보며 이제 진짜 가족이 되었다고 느낀다. 물론 모든 가정의 특성과 구성원 간의 관계가 다 같지는 않기에 각자에게 맞는 해법이나 방식이 있을 것이다. 그러나 어느 가족이든 대화를 편안하게 할 수 있기까지는 서로의 신뢰가 쌓이게 되는 시간이 필요하다.

　사회 곳곳의 권위적이고 봉건적인 잔재가 쉽게 사라지지 않는 모습은 안타깝다. 하지만 세상이 바뀌어 시댁과 며느리의 갑을관계가 바뀌고 부모들이 자녀의 눈치를 보는 시대라는 말도 불편하기는 마찬가지다. 가장 편안해야 할 가족들 사이에서조차 강자와 약자가 존재하고, 부모나 형제로 인해 연을 끊게 되는 슬프고 아픈 현실을 바꾸는 유일한 방법은 나 자신부터 바꾸고 실천하는 것밖엔 없을 것이다.

불완전한 자들이 꿈꾸는 완전한 세계

주인공의 법칙

"문화는 당대의 세계관을 비추는 거울이다."

이 명제가 옳다면, 나의 유년기 혹은 성장기와 함께했던 숱한 동화나 전설, 영화들은 일찍부터 불공정한 생존법칙을 주입시켜 온 것 같다. 주인공들은 대개 천성적으로 잘나고 고귀한 존재였다. 대부분 왕이나 양반·귀족의 혈통인 데다 영리하고 지혜로우며 선함과 용기까지 갖췄는데 심지어 외모까지 미남미녀들이다. 요즘 젊은이들이 인간계를 넘어 천상계 수준으로 완벽하다는 의미로 '갓벽하다'고 표현하는 다 가진 사람들을 보는 느낌이다. 무엇 하나모자람이 없으니 모두가 그들을 사랑하고 고난의 길에서 만나는 동물들마저 몸을 사리지 않고 돕는다.

이런 그들의 삶이 꼬이는 이유는 오로지 그들을 시기하고 질투하는 악인의 간계 때문인데, 당연하게도 그들 대부분은 타고난 자질부터가 저질스럽다. 어리석고 성품도 교활한데 외모까지 추한 경우가 많고 가끔 쓸 만한 외모라 해도 도저히 주인공을 따를 수준은 못 된다. 잠시의 고난은 있지만 주인공의 승리는 마땅하고 지당한 결과다. 전달하려는 교훈은 선함과 용기였지만 아이러니하게도 무의식에 각인되는 것은 결국 타고난 유전자와 환경을 이길 수는 없다는 것이었다. 주인공치고는 많이 부족하고 외로워 보였던 미운 오리마저 알고 보니 우아함의 끝판왕인 백조 혈통이었던 것을 보면 더욱 그렇다.

귀함과 천함이라는 허상

하지만 시대가 변하며 오랜 시간 당연시되었던 주인공의 법칙과 세계관에도 변화가 일고 있다. 동화 다시 읽기가 유행하며 남녀의 역할이나 강자·약자의 고정관념을 살피는 흐름이 생겼고, 새로 쓰이는 동화나 모든 스토리 창작자들도 균형 잡기에 많은 노력을 들이고 있다. 전설로 자리 잡은 미국 드라마 중에도 이런 고민이 드러나 인상 깊은 작품이 많다.

조지 R.R 마틴의 「왕좌의 게임」은 웨스테로스라는 가상의 대륙에서 벌어지는 판타지물이다. 여주인공 대너리스가 "드라카리스!"라고 주문을 외치면 거대한 용들이 하늘을 날며 불을 뿜고, 마법사나 악귀도 등장한다. 그러나 마법은 단지 거들 뿐, 드라마는 익숙한 영웅 공식을 가차 없이 배반하며 다큐에 근접하는 리얼리티를 보여준다. 잘생기고 영리하고 힘 좋은 자들, 최후까지 남아 정의사회를 구현할 것 같던 권력과 능력을 갖춘 자들이 속절없이 비참하게 죽어나간다. 이 잔혹한 생존게임에서 살아남은 이들은 이름을 잃은 서자, 노예로 팔려갔던 공주, 정략결혼의 희생양이자 능욕당한 여인, 거세된 군인, 난쟁이, 불구가 된 소년, 자수보다 칼싸움을 좋아하는 소녀 등 권력 바깥에서 혹독한 야생의 삶을 살아온 이들이다. 철 왕좌를 향한 귀족과 왕족들의 무용담으로 시작하지만, 궁극엔 소외되고 부족함 많은 흔하디흔한 보통의 인간들이 각자의 결점을 극복하고 연대하며 굳건하게 역경을 이겨내는 성장 서사에 가깝다.

시청자들이 특히 충격을 받은 것은 처음부터 극의 중심이었던 고귀하고 정의로운 주인공들을 허무할 만큼 가볍게 날려버렸다는 점이었다. 예전에 비해 많은 드라마가 억지 해피엔딩보다는 좀 더 개연성 있는 결말을 선택하고 있지만, 그렇다 하더라도 주요 인물들에겐 남다른 아우라와 의미를 부여하는 것이 정석이다. 그런데 아직 드라마 속에 넘어야 할 산이 많고 갈라진 무수한 왕국들이 통합되지도 않았는데, 남은 드라마를 어떻게 끌고 가려는지 어안이 벙벙해질 지경이었다.

해석해보면 잘남과 못남, 귀함과 천함 같은 세속의 영예 따위가 그저 인간들이 만들어놓은 허상일 뿐 삶과 죽음을 관장하는 신에게 아무런 관심사가 아니듯, 작품의 창조자인 작가 조지 R.R. 마틴에게도 애초부터 그들만이 주인공은 아니었다는 의미가 아닐까 싶다. 혹여 주인공의 역할을 부여했다 해도 그 결말이 반드시 그들에게 최종 권력과 부귀영화를 쥐어주는 것은 아님을 보여주고자 한 것은 아닐까.

그렇다면 저자 마틴은 왜 혈통이나 영웅사관을 부인하는 것일까. 아마도 그가 역사학자에 가깝기 때문인 것 같다. 그는 유럽 역사가 주요 관심사라고 밝힌 바 있고, 드라마의 원작인 소설 『얼음과 불의 노래』 시리즈 역시 랭커스터가와 요크가의 30여 년에 걸친 장미전쟁이나 잔혹함으로 악명 높은 글렌코 학살, 검은 만찬 같은 영국의 중요한 중세 역사 일부를 재구성한 것이다. 역사 지식이 해박한 작가는 권력자들과 그 후예들이 가진 오만함의 생리를 아주 잘 알고 있는 듯하다. 강하고 영리한 여주인공 대너리스는 매력적이었지만, 대륙 최고의 혈통답게 어쩔 수 없이 자기중심적인 세계관의 한계를 자주 노출한다. 정의라는 이름으로 행해진 과하게 잔인한 징벌들은 주인공에 이입한 독자나 시청자의 시선으로 보면 통쾌하지만, 실제 세계에서 구현될 때는 폭정의 예후라고도 할 수 있다.

작품 속에 등장하는 고문이나 살육 장면들은 너무 끔찍해서 높아지는 혈압을 진정해가며 보아야 할 지경인데, 상당수는 실화를 바탕으로 했다. 작가는 영웅이 폭군이나 사이코패스와 종이 한 장 차이일 수 있음을 잘 알고 있는 것처럼 보인다. 우리에게 익숙한 품위 있는 귀족, 여인을 보호하는 용맹하고 충직한 기사의 이미지는 미화된 부분이 많다. 실제 기록들을 보면 무도하고 어리석은 이들이나 사치와 허세로 가득한 이들도 상당했다. 기사가 타는 말이나 갑옷, 무기, 생활 등에도 많은 돈이 들었다. 늘 그렇듯 이러한 용품들에도 상등품이 있어서 영화에서 종종 보는 사슬형 갑옷은 구식 갑옷보다 가격이 10배 이상 비쌌다. 이렇게 돈이 많이 들어가는 기사들을 소유하고 지배한다는 것은 요즘의 고급 승용차처럼 귀족들에겐 권력과 재력을 과시하는 수단이었다. 이런 능력 있는 귀족 인맥이 없는 기사들은 용병으로 나가거나 심하면 도적질, 강도질을 하기도 했다.

이는 가까운 일본의 사무라이나 닌자들의 절도 있고 카리스마 넘치는 무협담에 가려진 그늘과도 유사하다. 지역의 다이묘에게 소속된 사무라이들은 언제든 길거리에서 서민들을 칼로 난도질할 수 있었고 이에 대해 책임을 지지 않아도 되었다. 귀족이나 기사, 무사들이 이럴 정도면 왕들의 권세와 폭압은 상상을 뛰어넘었을 것이고, 그 모든 허영과 과시의 대가 또한 평범한 민초들이 치렀을 것이다. 동화나 전설에 선량하고 자애로운 왕과 기사들이 그토록 아름답게 구현되는 것은 오히려 그런 이들이 너무나 희귀했기 때문일 것이다.

역사는 아무것도 아닌 자들의 기록

역사의 상당 부분이 승자의 기록임을 잘 알고 있는 마틴이 강조하는 것은 '기억'이다. 작품의 마지막까지 등장해 가장 중요한 역할을 하는 눈먼 현자 브랜은 '기억하는 자'로 불린다. 그들과 대척점에 서서 브랜을 없애려 했던 악귀 나이트 킹은 '기억을 없애려는 자'로 불린다. 작가는 역사의 진보가 남다른 혈통이나 신이 주신 고귀함을 가진 영웅에 의해 진행되는 것이 아니라, 역사를 정확히 알고 이해하고 기억하는 자들에 의해 이루어진다고 생각하는 듯하다.

사회를 퇴보시키는 자들이 가장 정성 들여 하는 행위가 기억과 역사의 왜곡이다. 그러므로 역사를 지우려는 권력욕 강한 이들을 처단할 수 있는 이는 다시 역사를 왜곡할 수 있는 또 다른 영웅이 아니라, 진실을 대변하는 '아무것도 아닌 자' 아리아와 그 누구의 편도 아닌 그저 역사를 '기억하는 자' 브랜일 수밖에 없는 것이다. 스스로 '아무것도 아닌 자'로 명명한 여성 아리아는 태생은 귀족이지만, 마치 붓다의 생애가 그렇듯 그 모든 것을 버리고 고난을 경험하며 존재의 자유로움과 제행무상을 깨달은 자다.

'기억하는 자' 브랜 역시 영광의 왕좌를 차지하는 자가 아니라 권력과 욕망에 눈먼 이들로 인해 미친 듯 갈지자를 그리던 역사를 다시 원점으로 돌리는 자다. 그를 옹립하는 자리는 군사들이 도열한 화려한 궁이 아니라 초라하고 소박한 천막 아래 다소 어설프고 평범한 이들이 모인 자리에서 이루어진다. 무수한 영웅들이 도전했고 수천 명의 피로 범벅이 된 웅장한 철 왕좌가 사라진 이 장면은 더 뛰어난 자가 다시 화려한 권력을 찾는 것을 정의라고 부지불식간에 믿어온 사람들에게 가장 당혹스런 순간이었을 것이다.

마지막으로 인간이 가진 모순성과 양면성을 정확히 이해하고 어떤 잘난 이들에게도 감정 이입을 하지 않으며 냉정하게 거리를 두던 마틴이 애정을 부여했다고 느껴지는 사랑스런 캐릭터는 '기록에 충실한 자' 샘웰 탈리다. 그는 이 모든 혼란한 상황들 속에서 오직 사실만을 기록하려는 순수한 태도를 보여준다. 아마도 작가가 오랜 시간에 걸쳐 창조한 세계관의 핵심이자 역사가로서의 자신의 페르소나가 아니었을까 싶다. 판타지 소설의 걸작 중 하나인 『반지의 제왕』에서 작가 J.R.R. 톨킨이 수많은 영웅·전사·현자의 각축 속에서 결국 평범하지만 고뇌할 줄 아는 호빗족 소년 프로도의 손에 절대 반지를 건네준 마음과도 비슷해 보인다.

영웅은 없다

「왕좌의 게임」이 중세역사의 재구성을 통해 영웅사관을 해체한 작품이었다면,「어벤져스」나「엑스맨」시리즈는 최첨단 기술과 판타지를 통해 비슷한 주제를 구현한다. 시리즈에 등장하는 다수의 주인공들은 전투할 때는 초현실적 능력을 가진 슈퍼 히어로들이지만, 일상에서는 가족을 잃고 쫓겨난 왕자, 분노조절장애 과학자, 신경과민증 슈퍼 리치, 스파이로 양성된 고아 소녀 등 세상이 기피하는 돌연변이 소수자들일 뿐이다. 결핍도 많고 외로운 이 영웅들도 힘든 과거로 인해 트라우마에 시달리고 있다. 현대의 슈퍼 히어로 작품들은 영웅을 신격화하기보다는 모든 것을 갖춘 완벽한 영웅이란 존재하지 않는다는 점을 더 부각한다. 같은 트라우마나 결핍이라도 이를 어떻게 극복하느냐에 따라 선한 길로 들어설 수도 있고 악당의 길로 들어설 수도 있음을 보여주는 것이다.

특히 시리즈의 대미를 장식한 「어벤져스: 엔드게임」은 현 시대가 지향하는 가치와 극복해야 할 구시대적 사고 등 많은 것을 상징적으로 보여준다. 히어로들과 싸우는 우주 최강의 악당 타노스는 '마초 꼰대'의 정석이다. 그는 볼수록 우리 시대의 아버지들을 닮았다. 한편으로는 정이 깊은 인물이지만, 자신이 생각하는 정의에 갇혀 선악을 판단하고 세상을 응징하려 든다. 딸들을 자신의 뜻대로 개조하고 복종시키며 필요하면 희생도 강요한다. 막강한 힘을 가진 그의 곁에는 많은 부하들이 있지만, 석양 속 거대한 몸집의 실루엣은 한없이 작고 외로워 보인다.

영화는 그의 딸들이 어떻게 아버지를 극복하고 자신들의 정체성을 찾아가는지를 보여준다. 그루트와 로켓 라쿤으로 대변되는 자연과 생명 존중 사상, 간간이 끼어드는 양념의 역할에 머무르지 않고 충분히 제 몫을 해내는 영리하고 강한 여성들의 활약, 미국의 부와 자본을 상징하는 아이언맨의 진정한 노블레스 오블리주, 서서히 부상하는 아프리칸 파워 등 지구촌 인류의 공생을 보여주는 것도 인상적이다. 특히 리더인 캡틴 아메리카가 보여주는 마지막 모습은 의미심장하다. 쇠락하는 백인 패권주의에 대한 연민, 오랜 수고에 대한 존경 및 독려와 함께 변화되는 미국의 권력 방향을 암시한다.

상업적 목적이든 이상적 지향이든, 미국의 지식인과 창작자들이 공존의 세계관을 수용하고 제시하려 부단히 노력하고 있음을 느낀다. 종종 찬반 논쟁이 오가는 경우가 있지만 지속적으로 문화적 다양성을 추구하는 디즈니의 노력도 그러하다. 세계 경찰을 자처하는 미국의 자국 우월주의와 과도한 상업성을 좋아하지 않는 사람들이라도 이러한 노력은 인정하지 않을 수 없을 것이다. 인류의 발전이 너무 더디긴 하지만, 그래도 이러한 변화들 속에서 21세기가 아름다운 꿈을 꾸기 시작했다고 느낀다.

할머니가 전 재산을 임영웅에게 주신대

임영웅과 떴다방의 공통점

"할머니가 전 재산을 임영웅에게 주고 싶어 하신다"는 인터넷 커뮤니티 글이 화제가 된 적이 있다. 사실 여부는 불분명했으나 충분히 일어날 수 있는 일이라고 생각하는 이들이 많았다. 세계적인 인지도는 비교 불가지만 실제 수입은 BTS를 능가한다거나, A급 예능인들의 행사출연료를 뛰어넘어 가격을 매길 수 없는 천상계라는 소문이 나도는 이 트로트 가수의 인기가 상상을 초월해서다. 효도하기 위해 예매 사이트를 접속해 본 사람들 사이에서 그의 콘서트 티켓 구매는 피켓팅이라 불린다. 피가 튀는 전쟁터 수준이라는 뜻이다. 티켓을 구했다는 이들에게 모두가 환호와 축하를 보낼 정도다.

그만큼은 아니라도 한동안 많은 젊은 트로트 가수들이 장노년층의 아이돌로 부상했다. 내 주위에도 병약하시던 어머님이 파릇파릇한 소년 가수의 열혈 팬이 되신 후 삶에 활기를 찾으셨다거나, 그들의 노래를 듣고 취침하는 습관을 들인 이후 불면증이 치료되었다거나 하는 기적의 간증들이 속출했다. 교과서에 등장하는 위인 정도는 되어야 가능하다고 알고 있던 퇴계로, 율곡로처럼 가수 이름을 붙인 길이 등장하고, 지방에 있는 가수의 생가를 방문하는 성지순례도 이어졌다.

시들어가던 장르의 눈부신 부활에 반응들이 다양하지만, 사회를 들여다보면 자연스런 현상으로 보인다. 감성도 흥도 여전한데 주류 문화에서 점차 소외되어 가는 장노년층의 몸과 마음이 머물 곳이 필요하기 때문이다. 너무 현란하고 세련된 아이돌 문화는 부담스럽고, 동세대 가수들은 편안하기는 해도 함께 늙어가는 동지일 뿐이다. 익숙한 가락으로 추억과 향수를 자극하면서도 싱그러운 에너지와 위화감 없는 소탈한 애교로 기운을 북돋는 젊은 예능인들이 반갑고 사랑스러울 수밖에 없다. 누군가를 좋아하고 음악을 들으며 활기를 찾는 것은 지금 소개할 다른 '덕질'에 비하면 건강한 취미라고도 할 수 있다.

또래 지인들에게 종종 듣는 고민 중 하나는, '떴다방'이나 '홍보관'이라 불리는 뜨내기 집단에게 정기적으로 지갑을 털리는 부모님들 얘기다. 정체 모를 건강식품이나 조악한 물건들을 고가에 구매해 쟁여놓는 어르신들 때문에 자식들은 속상하고 안타깝지만, 그분들의 속사정 또한 이해가 간다. 정겨운 대화는커녕 얼굴 보기도 힘든 자식들보다 살가운 청년들이 웃음과 오락거리를 제공해주는 시간들이 훨씬 행복하고 고마워서 알면서도 속아주고 싶어진다는 것이다. 5,000원이나 될까 말까 한 품질의 상품을 50만 원에 판매하는 100배 이윤의 사기행각은 퉁명스런 가족들이 주지 못하는 100배의 다정함으로 상쇄된다. 청년 트로트 가수의 팬이든 떴다방의 단골 호갱님이든 기저에 깔린 정서는 비슷한 것 같다. 나이가 들거나 외로워질수록 젊고 밝고 친절한 이들에게 끌린다는 점이다. 노인들만 공략하는 사기꾼들이 암약하는 이유일 것이다.

지난겨울 엄마를 모시고 스파월드에 갔다. 시설도 온천도 훌륭했고 조식도 호텔급이어서 어르신들이 무척 좋아하실 만한 곳이었는데, 보이는 것은 젊은이들과 아이들이 대부분이었다. 성인이 된 후 가정을 꾸린 자녀들은 부모와 몇 시간 함께 가족 식사를 하거나 돈으로 해결하는 것이 효도라고 생각한다. 부모와 함께 교감하며 긴 시간을 보내기엔 자녀들의 삶도 늘 분주해서다. 노인학교나 돌봄기관 등은 증가했지만, 대개 학습·취미활동 위주일 뿐 정서적인 교감이 깊고 활발한 곳은 찾기 어려운 것 같다.

한국의 고령화 속도는 매우 빨라 2025년경엔 노인 비중이 전체 인구의 20퍼센트에 도달하는 초고령화 사회로 진입할 것이라 한다. 신체는 물론 두뇌활동도 활발하고 건강한데 나이만 노인인 사람들이 늘어난다. 백세 시대의 고령화 세대는 무엇이든 할 수 있지만 적절히 할 것이 없고, 어디든 갈 수 있지만 마땅히 갈 곳이 없다.

이 많은 사람들의 몸과 마음이 방향을 잃고 에너지를 건강하게 소모하지 못할 때, 사회는 병색이 짙어질 수밖에 없다. 실제로 다양한 기관의 통계치는 노인들의 외로움과 우울 증상이 점차 증가하는 것을 보여준다. 남성들의 경우 외로움이 신체적 능력에 더욱 악영향을 미친다는 연구도 있다.

'외로움부'를 신설한 영국

이러한 현상을 사회적 문제로 인식하고 외로움과 고립에 대한 대책을 마련하는 정부 부서를 처음으로 설치한 나라가 영국이다. 2017년 당시 영국 인구 6,600만여 명 가운데 900만 명(약 14퍼센트) 이상이 항상 또는 자주 외로움을 느낀다는 조사 결과와 함께, 약 20만 명의 노인이 한 달 이상 친구나 친척과 대화를 나누지 않았다는 놀라운 사실이 밝혀졌기 때문이다. 이에 2018년 '연결사회 외로움 대응전략'을 발표하며 문화부 산하에 '외로움부'(Ministry of Loneliness)라는 조직을 신설했고, 그해 사업 예산으로 약 328억 원의 기금을 조성했다.

2019년에는 외롭다고 말하는 것을 나약한 것으로 인식하는 편견부터 깨기 위해 '외로움에 대해 이야기하기' 캠페인을 진행했다. 단편 영화와 광고 등을 만들어 배포하거나 커뮤니티 공간을 만들어 서로 외로움에 대해 이야기하도록 독려하기도 했다. 윌리엄 왕세자 부부가 출연해 "우리 모두가 때때로 외로움을 느낄 수 있다"며 "주변 사람들이 외로움에서 벗어날 수 있도록 도와달라"고 호소한 라디오 광고도 화제를 모았다. 특히 500개가 넘는 라디오 채널들이 동시에 1분간 정규방송을 정지하고 송출된 이 광고는 누군가에게 전화를 걸거나 문자메시지를 보내거나 문을 두드리는 작지만 친절한 행동을 해보라고 권유하는 파격적 형식이어서 높은 청취율을 보였다고 한다.

영국은 이렇게 자신과 이웃의 외로움을 인식하고 서로 돕자는 캠페인 활동 이외에도 적극적으로 대화와 소통을 지원하는 프로그램도 마련했다. '해피 택시 프로그램'이 그중 하나다. 해피 택시는 고령자나 장애인 등 움직임이 불편한 교통 취약자들을 위해 방문 서비스를 제공하는 한편, 이동하는 동안 기사와 대화를 나눌 수 있도록 돕는 활동이다. 보고 싶은 이들을 만나러 가기 쉽도록 지원하는 동시에, 가는 동안에도 즐거운 대화를 지속할 수 있도록 해 고립을 방지하는 것이다.

이와 비슷한 사회적 대화 지원 프로그램으로는 네덜란드의 유명 슈퍼마켓 체인이 제공한 '클렛츠 카사'(수다 카운터)가 있다. 디지털화되어 가는 세상에 적응하기 힘든 노인들이 직원들과 담소를 나누며 느리고 여유 있게 계산할 수 있도록 지원하는 특화 공간이라 할 수 있다.

영국과 네덜란드뿐만 아니라 주변 유럽 국가들 역시 고독한 삶을 우려하는 사설 단체들과 정부가 힘을 모아 다양한 외로움 해결

방안을 모색하고 있다. 1차적 대상은 고령자나 취약자들이지만, 점차 증가하는 1인 가구, 소수자, 젊은 세대들의 고립에도 관심을 기울이는 추세다. 사례로는 요양원의 노인과 주 30시간을 보내는 학생에게 무상주택을 지원하거나, 세대 간 동거 프로젝트를 진행하는 것들이 있다.

일본은 2021년 고독·고립 대책 담당 부서 설치 후 집안에만 틀어박혀 지내는 '히키코모리'(은둔형 외톨이)에 대한 대책을 세우고, 고독·고립에 관련된 상황별 약 150개의 지원제도를 두고 있다고 한다. 또한 영국과 일본의 외로움 담당 장관들 간의 공조도 진행 중이라 한다.

흡연보다 독한 외로움

한국은 1인 가구가 전체의 30퍼센트를 넘어선 지 오래고, 외로움이나 우울증을 겪고 있는 사람 역시 대단히 많은 나라다. 고독사로 숨진 이들은 2017년에는 2,412명에 불과했지만 2021년에는 3,378명으로 늘어 최근 5년간 약 40퍼센트 증가했다. 한 해 사망자 100명 중 1명이 쓸쓸히 죽음을 맞고 시간이 흐른 뒤 발견된다는 것이다.

2022년 경제협력개발기구(OECD) 통계에서도 '도움이 필요할 때 의지할 사람이 있는가'를 묻는 항목에 '그렇다'고 답한 사람이 영국과 일본은 각각 93퍼센트, 89퍼센트인 데 비해 우리는 80퍼센트에 그쳤다고 한다. 선진 한국의 이름에 걸맞지 않는 수많은 사회 심리적 문제들은 흡연보다 독한 외로움이 근원일 듯하고, 우리야말로 이에 대한 시급한 대책이 필요한 것 같다.

한국은 비혼이 일상이 되고 출생률은 세계 최하위이며, 자녀의 돌봄은 기대할 수 없는 초고령 사회다. 청년은 청년대로 삶이 고달프고 버거우며 노년은 노년대로 소외되고 짐이 된다고 느끼는 서로 마음 둘 곳 없고 어깨 기댈 공동체도 사라진 사회이기도 하다. 천문학적 자산을 가진 연예인이나 반려동물 외엔 평생 모은 재산을 나누고 싶은 존재가 없거나, 알면서도 가짜 미소와 친절로 쌈짓돈을 갈취하는 이들에게 의지하는 노년의 삶은 얼마나 서글픈 것인가.

점차 심화되는 빈부격차만큼이나 가진 노인과 못 가진 노인, 준비된 노년과 소외된 노년의 격차도 커져가는 초고령화 사회를 슬기롭게 헤쳐나갈 수 있도록 고민과 준비가 절실한 시점이다. 또한 노년 외에도 고립감에 빠져 있는 수많은 이들에 대한 이해와 대책 마련도 시급하다. 외로움은 더 이상 개인의 문제가 아닌 대단히 중대한 사회적 문제임을 깨달아야 한다.

그들의 분노는 어디에서 왔을까

그들의 공통점

수많은 젊은이들의 우상이었던 작가가 있다. 내용은 흐릿해졌지만 밤새워 가슴 설레며 읽어 내려가던 20대의 추억만은 선명하다. 문단의 황제와 같았던 그가 언제부터인가 시대착오적인 보수성을 노출하면서 독자들의 관심에서 멀어져 갔다. 그의 문학에서 가족사 속 몰락한 양반 계급에 대한 짙은 향수를 느낀 이가 나만은 아니었던 것 같다.

한 사람의 삶을 이념적 잣대만으로 손쉽게 재단하거나, 진보와 보수를 선악 개념으로 보는 것에 동의하지 않는다. 모든 이들의 삶의 속도와 지향이 같을 수 없고 같은 인물 안에도 여러 가지 모습이 존재하기에 사람은 시간과 환경에 따라 변화될 수 있다고 믿기 때문이다. 진보와 보수는 새의 양 날개처럼 세계의 균형을 이루는 것이고, 각자의 선택에도 대개는 그만한 이유가 있다. 그러나 과거에 발목 잡혀 더 이상 새로운 비전을 주지 못하는 지식인의 모습이나 변화에 역행하며 시대와 불화하는 극단적 보수화의 문제는 늘 안타깝고 우려스럽다. 대표적 사례인 태극기 부대는 역사의 뒤안길로 사라지는 늙은 맹수의 마지막 포효와 유사해 보인다. "내가 왕년에"라는 그들의 말 속 황폐한 자존감에서는 오히려 쓸쓸함이 느껴지고 진보를 표방하는 맹신적 태도의 중장년들과는 데칼코마니처럼 서로 닮아 있다.

이상한 것은 가장 진보적이어야 할 20대 남성들의 보수화다. 물론 생물학·사회학적 구분으로 집단을 도식화하는 것은 조심해야 할 일이고, 갈라치기가 난무하는 대한민국의 정치지형에서의 특정 정당 지지가 진실로 진보와 보수의 가치를 대변한다고 생각지도 않는다. 하지만 최근 상당수의 청년들이 보이는 보수화의 특징은 타고난 기질에 따른 온건성이나 상식적 보수성이라기보다는 비하와 폭력이 난무하는 극단성이 강하다는 점에서 우려를 갖게 된다. 전 국민을 분노케 한 'N번방 사건'을 비롯해 장애인에 대한 멸시와 조롱, 과도한 여성 혐오나 약자 비하 같은 것들이다.

물론 이전 세대에도 약자에 대한 무시나 학력·여성·지역 등에 관한 다양한 차별은 늘 있었고 사실 더 심각하기도 했지만, 많은 청년이 이런 관습에 저항하며 개선하고자 노력했기에 민주화를 비롯해 사회 각 분야에서 비약적인 발전을 이루었다. 한데 그런 부모들이 낳아 기른 자녀 세대의 이런 모습이 당황스럽기에 부모 세대의 이중성이나 변질에 대한 반성과 함께 사회적 요인을 들여다보게 된다. 실제로 이들의 냉소와 분노 속에는 기성세대의 모순성에 대한 깊은 불신이 보인다. 말로는 정의를 주장하지만 부동산 투기나 부모 찬스 등의 기득권을 이용한 불공정한 편법에는 부끄러움이 없는 어른들, 페미니즘을 지지하면서도 정작 가정에서의 행동은 가부장적이고 무심한 중장년 남성들을 일상적으로 마주하기 때문이다.

이러한 문제의식 자체는 발전의지가 있는 진보적인 청년세대의 특징이다. 특이한 것은 이와 동시에 과거의 향수나 화양연화 시절을 그리워하는 기성세대와 묘하게 닮은 점이 보인다는 것이다. 수천 년을 누려온 남성 기득권 상실에 대한 분노와 변화된 지위로 인한 불안감, 급변하는 세상에서의 소외감이 가져오는 회귀욕구 같은 것이다. 빛나는 재능 덕분이든 남다른 행운으로 인한 것이든 찬란한 특권을 누리던 이들은 과거에서 벗어나지 못하고, 청년들은 앞 세대들만 풍족하게 누렸던 남성 권력의 상실에 현재를 증오한다. 바로 내 앞에서 마감된 사은품 대기줄에 서 있던 자의 짜증스런 심정처럼 세상이 모두 불공정해 보이는 것이다. 자신의 자리를 넘본다고 느껴지는 여성들도 불편하고 충분히 누리고 즐긴 듯 보이는 안정된 기성세대의 모습에도 배신을 느낀다.

누려왔고 누릴 수 있는 기회보다는 손실된 것들에 더 큰 슬픔과 결핍감을 느끼는 심리라는 면에서 청년세대와 노년세대는 거울상을 이룬다. 새로운 가치를 추구하고 도전할 나이에 왜 이런 현상이 벌어지는지 고민해보지 않을 수 없는데, 전문가들의 의견을 종합하면 소외와 고립감이 핵심 원인이라고 한다.

외로움은 민주주의의 적

영국의 정치경제학자인 노리나 허츠는 저서 『고립의 시대』에서 소외감정이 가져오는 사회적 파장과 원인을 다각도로 조명한다. 일례로 최근 20년간 일본에서 65세 이상 범죄가 4배나 증가했고 5년 이내 재범률도 매우 높다는 사실을 제시한다. 그 원인 중에 하루 세끼 식사가 안정적이고 대화할 친구들도 있는 교도소가 덜 외롭기 때문이라는 인터뷰들이 있어 충격을 준다. 오래전 읽은 부조리 소설에서나 등장했던 인물이 현실로 나타난 상황이다.

일본만 그런 것이 아니다. 2017~2021년까지 보건복지부가 조사한 한국의 고독사 실태도 해마다 고독사가 증가하고 있음을 보여준다. 특히 여성보다 남성이 4~5배 이상 많은데 이 격차는 계속 벌어지고 있고, 50~60대 전후의 남성이 50퍼센트 정도로 압도적으로 많다. 실직이나 퇴직에 따른 상실감이나 경제적 쇠락 같은 환경적 요인도 있지만, 사고가 경직되어 있고 권위적이며 변화하는 세상에 잘 적응하지 못하다 보니 소외되고 고립되는 일이 많아지기 때문이라는 분석이 정설에 가깝다. 비자발적 독거생활을 하게 될 경우에도 남성은 여성처럼 가사노동이 자연스럽거나 친화성이 높지도 않아서 신체적·정신적 건강이 악화될 수밖에 없다.

또한 외로움의 감정은 실제로 신체건강에도 강한 영향을 미친다는 연구결과도 있다. 운동 부족이나 비만보다 2배의 악영향을 주고, 매일 담배 열다섯 개비를 피우는 것만큼 나쁘다는 것이다. 하루 세끼 식사와 친구가 제공되는 교도소를 선호하게 되는 일본의 범죄 추이가 남의 일 같지 않다. 2018년 영국이 외로움을 전담하는 차관을, 2021년 일본이 고독부 장관을 임명한 이유도 충분히 납득이 간다.

50~60대만큼은 아니지만 20~30대의 고독사도 적지 않다. 대개는 자살인데 남성이 2~3배 많다. 2022년 12월 서울시가 만 19~39세 사이의 청년가구 조사를 통해 「서울시 고립·은둔 청년 실태조사 결과 보고서」를 내놓았는데, 고립 상태에 놓인 이들이 3.3퍼센트, 은둔하고 있는 이들이 1.2퍼센트로 총 4.5퍼센트의 고립·은둔 청년이 있다고 한다.

고립은 정서적 고립과 물리적 고립으로 나뉘는데, 정서적 고립은 중요하거나 어려운 일이 있을 때 조언을 구하거나 부탁하거나 속마음을 털어놓을 수 있는 사람이 없는 상태다. 물리적 고립은 가족과 혈족 이외에 친구나 주변인과의 대면 교류가 1년에 한두 번 이하거나 전혀 없는 상태가 6개월 이상 지속되는 것이다. 은둔의 정의는 외출이 거의 없는 상태가 최소 6개월 이상 지속되고, 자기 방이나 집 밖으로 나가지 않거나, 나가더라도 편의점 등 최소 생활만을 위해 외출하고, 경제활동이나 구직, 학업 등 사회활동을 전혀 하지 않는 상태다.

즉 고립은 사회적 관계가 매우 협소한 상태를 말하고, 은둔은 여기에 더해 집 밖으로 나가는 활동 자체가 극히 적은 상태를 말한다. 이런 청년들이 서울시 전체로 추산하면 13만 명 정도이고, 전국적으로는 61만 명 정도라는 것인데, 정부 조사는 늘 보수적이라는 점을 감안하면 더 많을 것이라고 추정된다. 고립이나 은둔까지 가지 않더라도 외로움을 느끼는 사람들은 점차 증가하고 있다. 특히 20~30대들의 외로움 수치가 눈에 띈다. 2022년의 외로움 관련 인식조사에서는 전 국민의 55퍼센트 정도가 평소 일상에서 매우 혹은 약간 외로움을 느낀다고 답했고, 외로움을 느낀다고 답한 20~30대는 60퍼센트 이상으로 가장 높았다. 또한 지난 6개월 동안 외로움이 더 커졌다는 항목에 그렇다고 답한 비율은 세계 10위로 28위인 일본보다 높았다.

노리나 허츠를 비롯해 정치·사회 분야의 전문가나 학자들이 '소외와 고립의 문제'에 주목하는 것은 단지 심리치료나 사회·보건복지적 시각 때문만이 아니라, 외로움이 민주주의의 적이 되는 중요한 요소라고 판단하기 때문이다. 고립된 이들일수록 균형적인 정보를 취득할 기회가 적어 사이비 종교처럼 극단적인 주장에 휩쓸리기 쉽다.

미국의 설문조사 기관이 지난 2020년 대선 직전 가족이나 지인과 교류가 없는 외로운 성인을 대상으로 정치관에 대한 설문조사를 한 결과, 트럼프 지지율이 바이든 지지율보다 높았다고 한다. 트럼프의 열성 지지자 단체 구성원들 상당수는 퇴직이나 사별 등 여러 이유로 사회적 아웃사이더가 된 백인 남성들이다. 이들은 같이 먹고 자고 이동하고 서로를 의지하며 미국 전역에서 집회를 열었다. 기댈 곳이 없는 이들은 과열된 단체활동 속에서 유대감과 살아 있음을 느낀다. 전통적 민주당 지지자였던 미국 테네시주 동부 탄광·철도 노동자들이 트럼프의 열성 지지자로 돌아선 이유도 2008년 금융위기 이후 사회·경제적 지위가 급락하며 자신들이 무시당한다고 느꼈기 때문이었다.

미국 사회에서 사람들을 연결하는 커뮤니티들이 쇠퇴하며 개인 간의 유대 강도, 상호신뢰 강도를 말하는 사회관계자본이 감소하고 있다고 지적하는 이들도 있다. 실제로 미국의 연구소와 갤럽이 진행한 설문조사에서도 '친한 친구가 전혀 없다'고 답한 성인 비율은 1990년 3퍼센트에서 2021년 12퍼센트로 늘었다.

분노를 품은 슬픔

독일의 정치철학자인 한나 아렌트도 그의 저서 『전체주의의 기원』에서 고립과 외로움이 어떻게 인간성을 훼손시키는지에 대해 "전체주의는 외로움을 기반으로 삼는다"고 통찰한 바 있다. 히틀러나 나치즘 추종자들의 주요 특성을 관찰한 결과, 야만성보다는 정상적 사회관계의 결여가 두드러졌다는 것이다. 나치 못지않게 악랄했던 루마니아의 차우세스쿠 정권을 호위하던 집단도 고아원에 버려진 후 정권에 의해 홍위병으로 키워진 아이들이었다.

버려졌다는 감정은 자신의 쓸모와 존재의 의미를 의심하게 하는 것과 동시에 타인이나 세계에 대한 신뢰를 잃게 만들고, 더 나아가 '자기중심적 슬픔'에 빠져들게 만든다고 한다. 자기중심적 슬픔은 다른 말로 표현하면 '분노를 품은 슬픔'이다. 슬픔에도 다양한 감정이 있다. 연민 어린 슬픔은 타인을 보듬게 하지만 분노를 품은 슬픔은 타인을 증오하게 만든다. 나는 도와주지 않고 소외시키는 이들이 주장하는 정의와 공생의 가치에 신뢰를 갖기 어렵기 때문이다.

선의에 대한 의심과 분노로 가득한 감정은 세상에 대한 냉소와 혐오로 이어지고, 상식적인 정의를 이야기하는 사람들보다는 공공연하게 혐오 발언을 일삼는 극단주의자나 포퓰리스트에게 동질감을 갖게 만든다. 이는 결국 자신을 공격하는 자해나 타인을 공격하는 살인·폭력의 방식으로 표출된다.

미국에서 점차 증가하는 청소년의 총기난사나 자해 사건, 한국과 일본에서 일어나는 묻지마 범죄나 자살률 증가도 비슷한 맥락이다. 외로움이 그저 정신건강의 문제가 아닌 사회적·경제적·정치적 위기의 핵심 요인이 되는 이유다.

한국의 젊은층이 세대적 특성인 진보성이나 저항성과 함께, 부모세대보다 더한 보수성이라는 양면성을 띠는 것도 이러한 외로움 수치의 증가와 어느 정도 관련이 있다고 보여진다. 능력주의와 경쟁이 상수가 되었지만 누구도 구제해줄 수 없는 세상, 디지털 기술의 발달로 불특정한 온라인 관계는 확장됐지만 역으로 대면 관계는 제한되는 세계를 살아가는 존재들이 피하기 어려운 문제다.

허전하지만 사람을 만나는 것은 번거로워서 혼밥·혼영·혼술 등 많은 것을 혼자 하는 이들, 전화통화조차 어색해서 반드시 문자로 대화를 해야 하는 이들, SNS 속 화려한 삶을 동경하며 큰돈은 벌고 싶지만 그러기 위해 부딪히고 극복해야 하는 인간관계는 두려운 이들. 이런 사람들이 외롭지 않게 살아갈 만큼 아직 인간은 그리 독자적인 존재로 진화하지 못했다. 그러니 SNS의 좋아요 숫자로나마 자존감을 채우고, 먹방 영상으로나마 혼밥의 쓸쓸함을 대체하며 버텨낼 수 밖에 없는 것이다.

일본에는 행사에 동원되는 가족 대행 아르바이트가 있다는 얘기를 들은 지 오래인데, 언젠가부터는 애인 대행 아르바이트도 성행한다고 한다. 대부분 만나서 데이트 비슷한 것을 하지만 손을 잡거나 신체접촉을 하면 가격이 올라간다. 진짜 연애는 번거롭고 어렵고 돈도 많이 드니 가끔 연애 흉내를 내며 온기와 교감의 본능을 조금이나마 해소하려는 목적인데 자칫 성매매로 이어지는 경우도 많다고 한다.

청년도 중년도 노년도 외로운 세상이다. 전 세계가 외로움이라는 신경증을 앓고 있고, 그 병세가 더욱 악화되고 있는 세상에서 슬픔과 분노가 어떻게 인간을 변화시킬지 걱정스럽고 가끔 두렵기도 하다. 때로는 이해하기 힘들고 불편한 이들의 행동 속에 자리한 외로움을 서로 보듬고 살피는 노력이 필요한 때다.

무도한 세상 속 무해한 세계의 상상

결혼 안 한 딸이 든든한 이유

가장 든든한 노후대책은 결혼 안 한 딸이라는 말이 유행이다. 아들 가진 부모들이 목에 힘 주고 자랑스러워하던 시대를 지나 딸이 있어야 대접받고 산다는 말이 돌더니, 이제는 결혼 안 한 딸이 제일 도움이 된다고 하는 것이다. 여성들의 사회활동이 증가하고 비혼을 선택하는 이도 많아지다보니 가족 간의 돌봄 형태가 변화하고 있다.

주위를 둘러봐도 미혼의 친구들이 노부모의 삶에 실질적인 도움과 활력을 주는 경우가 많은데 대부분 딸들이다. 하지만 아들이 부모님을 모시던 시대에도 돌봄 노동은 사실상 며느리들의 일이었던 것을 보면 사회가 어떻게 변화하든 돌봄은 여성과 약자들의 일이었다는 것을 알 수 있는 말이기도 하다.

이런 노동에서 자유로운 남성들이 부럽다거나 노인을 모시는 내 처지가 억울하다는 말을 하려는 것이 아니다. 오히려 살아갈수록 집안일이나 돌봄 노동의 중요성과 가치를 크게 깨닫게 되었기에, 돌봄 노동이 의무교육처럼 모든 사회구성원의 필수과정이 되는 세상을 상상해본다. 어떤 존재도 예외가 없는 생로병사를 온몸으로 체화하며 깨닫는 인생에 대한 이해능력이야말로 핵가족, 노령화, 디지털 시대의 기본 역량이 되어야 할 것 같아서다. 아이·노인·환자 등 약하고 소외된 존재의 몸과 마음과 생활을 접하고 보살피는 경험, 느린 발걸음과 어눌한 말투와 서툰 행위들에 눈 맞추고 발 맞춰보는 노력, 흐릿한 병동의 불빛 아래 생사의 경계를 오가며 초췌한 안색으로 잠 못 드는 이들의 분뇨 수발을 드는 노동을 통해 덧없는 욕망이나 우아함이라는 허상을 깨닫고, 바로 지금 이 순간의 소중함을 통찰하게 되는 것보다 중요한 배움이 있을까 모르겠다.

인간은 왜 이토록 값진 돌봄을 하찮게 여기고 타인 위에 군림하는 삶을 추앙하게 되었을까. 내 곁에 있는 이들을 사랑하고 보살펴야 할 시간에 평생 만날 일도 없는 온라인 공간 속 누군가와의 삶을 비교하며 욕망과 분노와 절망으로 가득한 시간을 보내게 되었을까. 그리고 왜 늘 바쁘다는 말을 입에 달고 살면서 정작 가장 소중한 일들은 하지 않는 공허한 삶을 살아가고 있을까.

돌봄의 시간을 만드는 방법

덴마크의 학자 아네르스 포그 옌센과 데니스 뇌르마르크는 그들의 저서 『가짜 노동』에서 이렇게 이야기한다. 수많은 기업과 근로현장에서 발생하고 있는 노동의 대부분은 허위이며, 미국 사무직의 실제 업무시간은 근무시간의 46퍼센트 정도이고, 직장인이 가장 바쁜 척하는 월요일에 온라인 쇼핑의 90퍼센트가 이루어진다는 것이다. 또한 대개의 사람들은 그저 잘리지 않기 위해, 혹은 자신의 가치를 인증하기 위해 의미 없는 시간을 확장하며 바쁜 척한다고 주장한다. 오랜 시간의 직장 생활 경험자로서 상당 부분 동의한다. 시장 조사를 자주 나가는 이들 중엔 업무 중 개인적인 쇼핑에 많은 시간을 쏟는 경우도 있었고, 심지어는 부동산을 보러 다니기도 했다. 사무실에 앉아서도 주식에 더 관심이 많은 이들도 있었는데, 최근엔 이런 직장인들이 더 많아진 것으로 보인다.

 사회구성원들이 의미 없는 '가짜 노동'으로 눈속임을 하며 살아가는 배경엔 '가짜 경영'이 존재한다. 공정하고 투명하며 합리적인 경영이 아니라 줄 세우기와 연고주의 같은 부조리한 경영이 '가짜 경영'이다. 어차피 임원이 될 사람은 정해져 있고, 기업의 손익이나 공익에 막대한 피해를 입혀도 특정 연고자들은 철밥통인 조직에서는 일반 직원들이 주인의식을 갖기 어렵다. 성공하지 못할 바엔 손해라도 보지 말자는 피해의식이 점차 개인주의와 이기주의를 만들고, 경영자들은 이런 인간보다는 기계를 사용하는 것이 낫다는 결론에 이르는 악순환이다.

 『가짜 노동』의 저자들은 이러한 현상을 비판하며, 의미 없는 업무시간을 충분히 단축할 수 있다고 주장한다. 이 또한 동의되는 부분이 많다. 내가 처음 입사할 때만 해도 야간근무와 주말출근이 일상이었다. 혁신적인 CEO가 이런 업무방식을 없애고 6시 퇴근 및 주 5일 근무를 공표했지만, 직원들은 구식 관리자들의 눈치를 보느라 습관대로 늦게까지 남아 일했다. 이에 회사 측이 6~7시 사이를 소등시간으로 결정하자, 그 시간에 잠깐 저녁을 먹고 다시 들어와 일을 하기도 했다. 하지만 시간이 지나며 새로운 방식이 정착되었고 지금은 당시와 비교할 수 없을 만큼 휴가 여건이 좋아지고 노동시간도 단축됐지만, 회사는 잘 성장하고 있다. 좋은 리더가 얼마나 많은 변화를 창출하는지를 생각할 때 늘 떠오르는 경험인데, 이는 기업과 근로현장에만 국한되지 않는다.

돌봄 능력이 스펙이 되는 사회

전 세계가 무한 경쟁의 후유증으로 고통받고 있다. 미성숙한 야심가들을 신격화하고 추앙하는 반면, 필요한 일을 할 줄 아는 성숙하고 능력 있는 이들을 경시하거나 발굴하지 않아서라고 생각한다.

유능하고 합리적인 지도자로 평가받으며 많은 사랑을 받았지만 박수칠 때 떠날 줄 아는 지혜까지 겸비했던 독일의 메르켈 전 총리는 퇴근 후 동네 슈퍼에서 직접 장을 보며 시민들과 똑같이 줄을 서서 계산했다. 선거철에만 시장통을 돌며 어묵과 떡볶이를 먹고 서민 흉내를 낼 뿐 정작 시장 물가나 교통비는 전혀 모르는 귀족 정치인들과는 다른 모습이었다. 마트 입구에서 호객행위를 하던 청소업체 직원이 메르켈 총리에게 "혹시 집에 청소할 사람이 필요하지 않느냐"고 질문하자, "직접 청소하기 때문에 그런 인력은 필요 없지만 당신의 일이 잘되기를 바란다"고 대답했다고 한다. 냉철하고 스캔들 없는 정치를 펼치는 동시에, 난민 문제에 대해서는 많은 부담을 감수하며 용기를 발휘할 수 있었던 것도 그가 '진짜 사람들의 삶'을 이해하는 지도자였기 때문이라고 생각된다.

개개인의 삶을 위로하고 방향을 모색하는 상담가가 되기 위해서는 오랜 기간의 수련과 임상경력이 반드시 필요하다. 체계적인 교육은 물론이고 직접 사람들을 만나 이야기를 듣고 대화를 나누거나 함께 시간을 보내는 많은 활동을 해야 경력과 등급을 쌓아 나갈 수 있다. 절대적인 시간만 중요한 것이 아니라 질적 요소의 검증도 필수다. 단 한 사람의 인생도 가볍지 않고 소중하기 때문이다.

이렇게 개인을 위한 상담가가 되기 위해서도 심도 깊은 학습과 오랜 시간의 노력 증명이 필요한데, 우리 사회는 무수한 사람들의 삶을 책임지는 자리로 갈수록 어째서 그리 쉽게 이미지와 스펙, 인맥 같은 것만으로 선택하게 되는 건지 안타깝기만 하다. 공무원이든 정치인이든 일반 사회 조직이든 책임과 영향력이 큰 자리일수록 가사 노동 최소 1만 시간, 양육이나 약자 돌봄 노동 2만 시간

등의 경력이 필수 스펙이자 핵심 커리어가 되는 날이 오면 좋겠다. 퇴근 후 장보기 및 시장 물가 시험도 진급의 필수 과목이 되면 좋겠다. 재테크나 SNS로 소모되는 무의미한 노동시간을 단축시키고, 실속 있고 가치 있는 일들을 경험하는 데 더 많은 시간을 분배하는 시스템이 정착되면 좋겠다.

하루가 다르게 비약적으로 발전하는 인공지능과 함께 살아가야 하는 시대다. 자칫 노동시간의 단축을 넘어 노동의 기회조차 사라지고, 사람의 역할과 가치를 논하기도 전에 사람 자체가 쓸모 없는 존재로 추락할 수도 있는 격변기인 것이다.

인공지능과의 경쟁을 걱정하기보다는 효율적인 공존 방법을 찾아야 한다는 많은 전문가의 의견에 동의한다. 학자들의 논리대로라면 각 개인의 노동시간 단축으로 더 많은 고용을 창출할 수 있다. 그렇게 다수에게 분할된 안정과 여유 시간은 예술과 자기계발, 양육과 돌봄 등에 활용돼 더욱 인간적인 세상의 동력이 될 수 있을 것이다. 물론 결코 쉬운 여정이 아니고 극복할 문제도 많겠지만, 인류는 꿈꾸는 만큼 발전해온 존재다. 바란다면 길을 내도록 함께 노력하는 방법밖엔 없다.

빌런들을 퇴치하는 방법

빌런은 왜 사라지지 않을까

때로 세상은 선의로 가득해 보인다. 이번 생은 망했지만 죽어서라도 함께 천국을 누리자며 가가호호 초인종을 누르는 상냥한 자매님들, 못난 중생들이 안타까워 함께 도통 세계에 들자고 손 내미는 형제님들, 올바른 국가관과 정의를 설파하고픈 열정으로 가득한 어르신들을 거리에서, 지하철에서, 달리는 택시에서 무수히 만난다. SNS는 또 어떤가. 조목조목 공정하고 지혜로운 집단지성의 숲을 거닐다 보면 이미 천국이 가까이 있다는 착각마저 든다.

이토록 모두가 아름다운 세상을 갈구하며 노력하는 듯한데, 어째서 삶을 위협하고 파괴하는 빌런들은 조금도 줄어들지 않고, 어째서 뉴스에는 이토록 말과 행동이 전혀 다른 이들이 넘쳐나는지 도무지 납득하기 어렵다. 우리가 모르는, 영화에 흔히 나오는 인적 없고 험준한 지역 어딘가에 세계를 흑화시키려는 빌런 양성소라도 있는 것일까.

몇 년 전 지방의 교도소에서 강의를 했다. 감호시설은 처음인데다 대상자가 모두 남성이어서 조금은 긴장이 되었다. 한순간의 잘못된 판단이나 실수로 들어온 이도 있겠지만, 아직은 나의 이해력이 닿지 못할 마음의 심연을 가진 이도 있을 수 있어서였다. 보통의 교육시설과는 다소 분위기가 달랐지만 그저 최선을 다하자는 생각으로 들어간 강의실에는 앳된 청년에서 중장년까지 다양한 연령대의 남성들이 있었다. '저 여자는 또 뭐라고 하는지 들어나 보자'는 무심한 눈빛들이 느껴졌다.

그날 나는 타인과의 소통에 대한 강의를 했다. 어쩌면 그 공간의 교육 대상자들과 가장 어울리지 않는 내용일 수도 있고, 어쩌면 가장 필요한 것일 수도 있겠다고 생각했다. 다행히 시간이 지나며 분위기가 편안하게 바뀌었다. 무척 적극적인 분들도 있었는데, 그중에서도 소통과 관련된 실습에서 짧은 시간이지만 놀라운 모습을 보여준 청년은 깊은 인상을 남겼다. 수업의 핵심이라고 할 수 있는 진지한 경청, 타인의 이야기에 대한 정확한 이해능력, 그렇게 이해한 내용을 따스한 공감의 언어를 통해 위로하는 과정을 훌륭하게 수행했기 때문이다. 그간 진행해온 같은 방식의 수업에서 적지 않은 사람들을 만났지만 이렇게 처음부터 잘해내는 사람이 드물기에 더욱 놀랐다.

격의 없는 대화와 실용적인 소통방법을 생각해볼 수 있는 수업이라 좋았다는 평을 듣고 안도하며 돌아오는 길에 생각이 꼬리에

꼬리를 물고 이어졌다. 그 청년은 어떤 이유로 그곳에 있게 되었을까. 혹시 타고난 언변으로 사람의 마음을 빼앗아 범죄를 저지른 것일까. 아니면 반대로 불행한 환경이나 피치 못할 상황으로 인해 자신의 재능을 제대로 꽃피우지 못하고 있는 것일까. 어느 쪽이든 흔치 않은 재능을 제대로 살리지 못한 것 같아 안타까웠다.

그 청년 외에도 여자친구와의 대화가 힘들다고 했던 재소자는 어떤 사연을 가지고 있을까. 소통이 어렵다는 이유로 폭력이라도 저지른 것일까. 아니면 유일하게 마음 줄 만한 사람과의 대화조차 힘들다는 얘기일까. 어머니에 대한 죄책감을 토로한 이의 부모는 어떤 사람이었을지도 궁금했다.

공감본능은 폭력본능을 앞선다

심리학 공부를 하면서 쉽게 이해하기 어려웠던 것이 범죄자들의 마음이었다. 종이에 손가락만 스쳐도 고통스러운 것이 사람의 몸이고, 내 몸 아닌 다른 사람의 신체적 고통에도 반응하는 것이 사람의 마음이다. 2014년 봄, 서서히 가라앉는 세월호를 보며 온 국민이 느꼈던 충격과 슬픔 역시 남의 아픔이 나의 아픔과 다름없게 느껴지는 공감 반응의 하나다. 나도 한 달 가까이 너무 많이 울어서 목 근육에 이상이 오기도 했고, 주위에서도 후유증을 호소하는 이들이 많았다. 타인의 고통에 대한 이토록 본능적인 거울 반응마저 억압하는 범죄행동의 원인을 고민하며 깨달은 것은, 환경과 교육의 영향력이 매우 크다는 점이다.

전쟁을 겪은 군인들을 대상으로 한 조사에서 알게 된 사실 중하나는, 대부분은 적을 정면으로 마주 보고 총을 쏘지 못한다는 것이다. 제2차 세계대전 시기 그토록 많은 사람을 학살한 독일 군인들도 처음엔 사람을 죽이는 것이 두려워 엉뚱한 방향으로 총을 쏘았다고 한다. 그런 이들이 이성을 잃고 점차 잔혹해지는 것은 자신과 친한 전우가 죽거나 상관이 다치는 모습들을 목격하면서부터다. 가족애나 우정이 돈독할수록 이를 상실하게 만든 이들에 대한 적의도 비례해 커지는 온정과 공감의 딜레마라고 할 수 있다. 며칠 전까지 함께 술잔을 기울이고 품앗이를 하던 이웃의 가슴에 죽창과 총탄을 박아넣는 무수한 동족학살의 메커니즘과 전쟁의 광기는 그렇게 시작된다. 나와 다른 연고, 종교와 이념을 가졌다는 이유로 벌어지는 극악한 행위들도 전쟁 같은 특정 상황에서 서로의 감정들이 격화되며 일어나는 사건일 뿐 처음부터 그런 마음으로 태어나는 이들은 흔치 않다는 것이다.

언젠가 미국의 유명한 스탠딩 코미디언이 "사람들이 길거리에서 서로를 죽이지 않는 것이 너무 신기하다"는 이야기를 맛깔나게 한 적이 있다. 집 밖을 나가면 혐오스럽고 짜증나는 사람들이 그리 많은데도 모두들 잘 참고 산다는 것이다. 웃다가 생각해보면 정말 놀라운 일이다. 입으로는 "저 인간 죽여버리고 싶다"는 이야기를 달고 사는 이들도 실제로 행위로 옮기지는 않는다. 대신 스포츠나 액션 영화로 스트레스를 풀고, 가벼운 음주와 수다 등에 의지하며 잘들 참고 살아간다. 인간이 인간성을 유지할 수 있는 놀랍고 대단한 비법은 바로 이런 공감과 제어능력이다.

그렇기에 무차별 폭력이나 연쇄살인을 하고, 오랜 시간 함께 살아온 반려자나 가족에게 잔혹한 행위를 하는 이들의 마음을 이해하는 것이 어떤 심리 분야 공부보다 어려웠다. 그러나 전문가와 함께 오랜 시간 동안 범죄 심리에 관한 스터디를 하며 그들의 마음은 늘 대상이 명확하지 않은 전쟁 상태에 놓여 있는 경우가 많다는 것을 이해하게 되었다.

악한 마음은 악한 환경에서 자란다

범죄행동과 심리에 관한 사례들을 장기간에 걸쳐 체계적으로 정리하며 수사기법을 발전시켜온 미 FBI 자료들에는 다양한 범죄 기록이 세밀하게 분류되어 있다. 기록에는 강력범죄의 과정과 동기뿐만 아니라 성장 환경도 언급된다. 흔히 사이코패스라 불리는 소수의 사람들처럼 유전적으로 공감 능력이 결여된 경우를 제외하고는 대개가 가정에서의 정서적 요소의 결핍이 중요 요인이다. 또한 일반적으로 드러나는 강력범죄는 궁핍과 육체적 폭력이 일상인 가정에서 쉽게 발현되지만, 법망도 피해가는 더 큰 범죄자들은 오히려 외형적으로는 안정되어 보이는 가정이나 타인에게 영향력을 행사하는 부모를 둔 경우도 많다. 정서적 문제로 심리상담을 하는 청소년들의 부모 직업 상위에는 모두가 선망하는 직업들이 나란히 올라 있다. 많이 배우고 유능해 보이는 부모와 더 행복하고 선량한 아이의 상관관계는 크지 않다.

거의 대부분 범죄자의 아버지는 폭력적이거나 이기적이고, 어린 시절 어머니가 학대하거나 방치한 경우도 발견된다. 미국 범죄사에서 악명 높은 연쇄살인범 에드먼드 캠퍼도 그런 사람 중의 하나다. 그는 부모의 불화와 서로에 대한 지독한 비난, 이혼 등으로 자존감이 낮았고 어린 시절을 불안하게 보냈다. 이혼 후 함께 살게 된 어머니는 알코올 의존증이 있었으며 자녀들을 학대했다. 아들을 지하실에 가두거나 아버지를 닮은 외모를 비하하며 어떤 여성도 너 같은 애를 좋아할 리가 없다는 식의 폭언도 서슴지 않았다. 범죄심리학자들은 캠퍼의 엽기행각의 최종 목표가 어머니였을 것이라 분석하는데, 실제로 그는 많은 여성을 살해한 후 대단히 잔혹한 방식으로 어머니도 살해했다. 한국에서 부모를 죽인 패륜아로 세상을 경악케 했던 청년의 가족사도 이와 유사하다. 겉으로는 부유한 집안이었지만 그의 형이 동생의 범행을 이해한다고 할 만큼의 정서적 학대가 오랜 시간 이어졌다.

남편의 강압과 폭력이 아내의 증오와 분노를 부르고, 다시 자녀에게 전가되는 악순환 속에서 살아온 아이들이 세상은 선의로 가득하고 좋은 사람이 더 많다고 믿을 수 있을까. 부모를 비롯한 주위의 누구에게서도 인간의 도리를 본 적도 배운 적도 없는 이들에게 윤리를 기대할 수 있을까. 인간은 보고 들은 대로 배우고 경험하는 만큼 체화하고 이해하게 되는 존재인데 말이다. 바위틈에서도 생명이 싹트듯이 어려운 환경이라 해도 가족이든 주변인이든 누구 하나라도 기댈 언덕이 되어줄 때 대개의 인간은 그렇게까지 나빠지지 않는다. 사회 속에서 가치를 인정받아야 더욱 안전하게 성장할 수 있음을 본능적으로 알고 있기 때문이다.

하지만 온기라고는 찾아볼 수 없는 냉혹하고 황량한 환경에서 늘 전쟁의 포화 속에 놓여 있는 듯한 마음으로 살아간다면 누구라도 괴물이 될 수 있다. 1965년부터 약 20년간 루마니아를 통치한 차우셰스쿠는 이러한 인과관계를 가장 극명하게 보여준 대표적 사례다. 차우셰스쿠는 인구를 늘려야 부강한 나라를 만들 수 있다며 여성 1인당 4명의 아이를 낳도록 강요하는 정책을 시행했다. 여성의 생리주기를 감시하고 관리하는 월경 경찰을 운영하며 피임과 낙태도 금지했다. 아이를 낳지 않으면 금욕세를 부과했다.

당연히 불법 낙태와 이로 인한 산모 사망률이 급증했고, 어쩔 수 없이 출산은 했어도 양육이 어려운 가정들로 인해 유아 사망률과 고아의 수도 폭증했다. 열악하다는 말로는 부족한 참혹한 고아원 시설의 비위생적 환경으로 에이즈에 걸린 아이가 많았고, 영양 결핍으로 인한 발달장애와 지적장애도 증가했다. 제대로 된 돌봄 없이 자란 고아원 아이들이 성장하며 부랑아가 증가했고, 자살률은 물론 강도·살인 같은 강력범죄도 폭증했다.

여성을 축산물로 취급하며 가임 여부를 확인하기 위해 4명씩 한 조를 이뤄 벌거벗고 산부인과 검사를 하게 하는 정부에서 정상적으로 사회 시스템이 돌아갈 리가 없었다. 차우셰스쿠는 결국 자신이 만들어낸 분노와 열등감 덩어리인 '차우셰스쿠의 아이들'로 인해 몰락했고, 그 상흔은 아주 오랜 시간 루마니아에 고통스런 후유증을 안겼다.

끔찍한 연쇄살인마부터 흔히 잡범이라 부르는 범죄자까지, 타인을 해하는 범죄율 증가뿐만 아니라 자신을 해하는 자살률 증가까지, 거의 모든 참사와 비극의 배경에는 불안정한 가정환경이나 부조리한 사회적 문제가 존재한다. 평화가 요원하고 곳곳에 다양한 빌런이 계속 출몰하는 이유는, 악을 쳐부수는 어벤저스가 없어서거나 위대한 가치를 논하는 명망가가 부족해서가 아니다. 쉼 없이 타인을 손가락질하느라 정작 자신의 자녀와 가족, 혹은 바로 자기 자신의 흑화는 방치하는 어리석음 때문이다.

세상과 외부로 향한 분노의 시선만큼 자신의 내면과 가족의 눈길을 마주하는 따뜻한 시간을 늘려보면 어떨까. 물질적으로 허기지고 소외된 계층을 게으른 루저라 비웃기 전에, 아무리 가져도 배고픈 자신의 정신적 허기와 욕망부터 들여다보면 어떨까. 결혼도 출산도 기피하는 이들을 비난하기 전에 사람살이가 행복한 세상에 대해 고민해보면 어떨까. 어느 순간 지금보다는 더 나은 세상이 되어 있을 것 같지 않은가.

당신이 AI보다 나은 것

나 누구랑 말하고 있니?

중년 남성들과 대화하다 보면 상대방이 한 얘기를 일단 부정하고 보는 말투를 가진 사람들을 자주 보게 된다. "그게 아니고" 혹은 "네가 뭘 잘 모르는데"라고 이야기를 시작하는데, 들어보면 방금 상대방이나 다른 사람이 한 얘기를 반복하고 있다.

온라인 세상에서도 비슷하다. 다른 이의 글을 비판하거나 조롱하는 내용을 읽다 보면 정작 본인이 글을 제대로 이해 못 했거나 같은 이야기를 반복하며 한 수 가르쳐주겠다는 태도를 보이는 이들이 많은데, 이것도 주로 중년 이상의 남성들이 여성들에게 하는 경우가 많다. 문해력이나 이해력이 낮아서일 수도 있고, 자신이 늘 우월하다고 생각하거나 여성은 남성보다 부족하다는 편견이 강해서일 수도 있지만, 대개는 자신의 생각에만 빠져 타인의 말과 글에 집중하지 않기 때문인 경우가 많다. 이러한 경향은 가까운 가족이라도 큰 차이가 없음을 보여주는 사례가 있다.

어떤 부부동반 모임에서 호스트가 게임을 제안했다. 라벨을 가린 4병의 와인을 모두 시음한 후, 부부별로 남편이 자신의 아내에게 각 와인의 특징을 묘사하고 아내는 어떤 와인에 대한 표현인지 알아맞히는 게임이었다. 설명 방법은 오로지 와인의 맛과 향, 빛깔 등을 서술하는 방식으로 제한되었다.

첫 번째 부부는 세계 각지의 와이너리를 여행할 만큼 와인 애호가였다. 남편은 전문가답게 미디엄바디, 버터리, 허베이셔스 등의 표현들을 사용하며 멋지게 설명했다. 함께하는 사람들이 주눅이 들 정도였다. 두 번째 부부는 모두 문학 교수여서 남편이 한 잔 마실 때마다 짧은 시를 읊었다. 별장에서 바라본 계곡의 물줄기라든가 하는 깊은 표현에 탄성이 절로 나왔다. 하지만 그토록 멋들어진 표현에도 불구하고 두 사람의 부인들이 맞힌 답은 하나가 될까 말까였다. 마지막 부부의 아내는 비싸고 좋은 술인지 싸구려 술인지 구별도 못 할 만큼 와인에 문외한이었는데 4개를 모두 맞혔다. 남편이 아내의 수준을 잘 알고 있어서 "가장 달다, 두 번째로 달다, 세 번째로 달다, 가장 안 달다"라고 설명했기 때문이다.

우스갯소리가 아니라 미국 유명대학 심리학 교수의 실제 경험담이다. 이 일화에 크게 공감하는 이유는 자신의 지식과 표현력에 집중하다 보니, 정작 그 문제를 맞혀야 하는 아내의 감정이나 상태는 생각하지 못한 남편들이 익숙하기 때문이다. 하지만 이런 문제는 부부 사이의 일로만 국한되지 않는다. 가족 혹은 연인이나 친구로서 오랜 시간을 함께한 이들도 교감보다는 각자의 외로움을 달래기 위한 방편 정도로 서로를 대하며 살아가는 경우가 많다. 친구라고 하지만 정작 속사정도 속마음도 모르고 서로 자기 얘기만 하다가 "나 누구랑 말하고 있니?"라는 자조적 농담을 던지기도 하고, 의미 없는 제삼자의 뒷담화나 하다 헤어지는 공허한 만남도 부지기수다. 나의 이야기만 하고 싶지 정작 상대를 알고 싶은 마음이 없거나, 귀로는 듣지만 마음의 소리를 듣는 법을 몰라서가 아닐까 싶다.

현대의 인지과학·심리학 분야의 주요 연구 결과들도 학력이나 전문지식, 함께한 시간이 타인을 이해하는 능력과 비례하지 않을 뿐 아니라, 강한 자기신념과 확증편향을 부추겨 오히려 방해가 될 수 있음을 알려준다. 미리 넘겨짚고 상대의 말을 끊거나 자기 입장만 얘기하다가 오해가 쌓이고, 할 말과 안 할 말, 말하지 말아야 할 사람과 꼭 알아야 할 사람을 구분 못 하는 이들도 많다. 사소한 의혹이나 서운한 감정이 쌓여 관계가 조금씩 멀어지는 상황에서 마음을 잘 전달하고 이해시키는 것은 쉬운 일이 아니다. 그래서인지 나이가 들수록 귀찮고 에너지가 부족하다는 이유로 포기하게 된다. 인생에서 만나는 대개의 비극과 고통은 소통 능력과 노력의 부족에서 비롯되는 것임을 살아갈수록 절실히 깨닫게 된다.

마음을 얻는 비법

소통론에서 자주 인용되는 '메라비언의 법칙'이라는 개념이 있다. 상대방의 인상을 결정하는 데 언어는 일부만 작용하고, 몸짓, 눈빛, 손짓, 목소리, 눈물, 웃음, 포옹 등 비언어적 요소의 영향을 더 크게 받는다는 개념이다. 소통의 기본은 언어적 요소로 이루어지기에 합리적이고 논리적인 의사전달도 중요하지만, 말로 다 표현하지 못한 숨은 생각과 감정과 느낌을 전달하거나 이해하고 서로 공감하는 것이 더욱 중요하다는 이야기다.

슈퍼스타급의 인기를 얻고 있는 판다 가족과 사육사들의 이야기는 이러한 소통을 보여주는 좋은 사례다. 수컷 러바오와 암컷 아이바오 그리고 그들 사이에서 태어난 어린 판다들로 구성된 가족을 보기 위해 많은 사람이 에버랜드를 찾는다. 판다 가족이 이토록 사랑받는 이유는 보기만 해도 웃음이 나는 귀엽고 몽실몽실한 실루엣과 생김새가 분명 한몫하겠지만, 마치 인간이 탈을 쓰고 있는 듯한 행동들이 감탄과 감동을 자아내기 때문이다. 엄마 아이바오와 자녀들 간의 친밀감이나 모성애뿐만 아니라, 친정 부모나 혈육을 연상시키는 사육사와의 교감 또한 놀랍고 신비롭다. 강바오, 송바오라 불릴 정도로 완전한 판다 가족의 일원이 된 사육사분들에게 판다들이 보이는 행동은 무한신뢰가 밑바탕이 되지 않고는 나올 수 없는 것이다.

강바오라고 불리는 강철원 씨는 "보기엔 귀엽지만 곰과에 속하는 야생동물인 판다 가족에게 어떻게 그토록 깊은 신뢰를 얻을 수 있느냐"는 질문에 "인간이나 반려견이나 야생동물이나 마음을 얻는 비법은 똑같다"고 대답한다. 판다를 하나의 종으로 보지 말고 각 개체의 개별성을 이해하라는 것이다. 일반적인 판다의 습성도 있지만 모든 판다는 각자의 개성과 삶의 히스토리를 갖고 있기 때문이다.

아빠 러바오는 사교적이지만 식성이 까다롭고, 엄마 아이바오는 처음엔 친해지기 어려운 면이 있지만 시간이 갈수록 사려 깊고 신뢰를 주며, 그들의 장녀이자 슈퍼스타인 푸바오는 호기심이 많고 사랑을 많이 받아 자존감이 높다고 한다. 또한 그들도 사육사와 지속적으로 밀당을 하며 오랜 시간에 걸쳐 신뢰를 쌓기에 무조건 빨리 친해지려 하기보다 더 많이 관찰하고 이해하려는 노력이 필요하다고 말한다. 사람이 아니라 판다의 입장에서 생각하려 하고, 가르치려 하기보다 깊은 관심을 통해 원하는 것이 무엇인지를 이해해야 서로 사랑하고 신뢰하게 된다는 것이다.

내용만 들으면 마치 자녀나 아끼는 제자들의 특징을 소개하는 듯하다. 강철원 씨는 동물학을 비롯해 식물·조경학 및 번식학까지 지속적으로 공부하는 것은 물론, 무거운 판다들과 지내기 위해 운동도 게을리하지 않는다. 영상을 보면 사육사분들이 판다를 업고 끌고 안고 다니는 장면들이 자주 나오는데, 마른 듯하지만 근육량도 상당해 보이는 이유가 있었다. 동물이든 사람이든 온전히 사랑하기 위해서는 상대를 더 잘 이해하고 잘해주기 위한 꾸준한 학습과 노력이 필요함을 알려주는 소중한 사례다. 언젠가부터 잠들기 전 판다 가족 영상을 보는 날들이 많아졌다. 다소 심난한 날도 따스한 마음으로 웃다가 잠들 수 있어서 더욱 좋다.

인간이 인간일 수 있는 이유

소통은 늘 어렵지만 본질은 그리 어렵지 않다. 단정하거나 추측하지 말고 직접 물어보고, 상대가 말을 하지 않거나 표현이 부족해도 마음과 의미에 집중하고, 입보다 귀를 더 많이 여는 것이다. 유아기 때 부모와 얼마나 많은 대화를 했는지가 지능발달의 주요 요인임은 많이 알려져 있다. 비약적으로 발전하는 인공지능의 소통 능력도 인간이 입력한 데이터량에 비례한다. 사람보다 더 마음을 흔드는 인공지능의 공통점은 하나다. 방대한 양의 지식을 늘어놓기보다는 상대의 감정과 생각을 잘 읽고 적절하게 답변한다는 것이다. 인간이든 기계든 더 많이 듣고 습득하는 행위가 모든 지능발달과 정서발달의 공통요소인 것이다.

흔히 창조성이라 칭하는 능력이 인간의 고유 영역이라는 상식조차 흔들린 지 오래다. 얼마 전 인공지능 프롬프트 전문가를 통해 챗GPT가 쓴 야한 글을 읽었다. 춘향과 몽룡의 첫날밤을 현대적으로 각색한 것인데 상당히 잘 쓰여졌고 재미도 있었다. 유튜브 쇼츠를 장악하고 있는 중국발 인공지능 미녀 이미지들도 실제 사람인지 만들어진 이미지인지 알 수 없을 만큼 정교해서 미인대회 참가자로 보일 정도다.

유명 국제 사진 공모전에서는 인공지능으로 만든 작품을 출품한 이가 대상을 수상했지만 이를 거부하기도 했다. 수상이 아니라 이렇게까지 발전한 인공지능과 인간의 경계, 예술창작의 의미를 논의하고 싶었다는 이유였다. 최근엔 영화를 만들고 싶지만 경제력이 없는 청년이 인공지능을 통해 단편 영화를 만들었다는 기사를 접하기도 했다. 스마트폰의 등장과 앱 기능의 발달로 누구나 사진작가가 될 수 있게 되었듯이, 머지않아 누구나 단편 영화 정도는 만들 수 있는 시대가 되었다. 리얼리티든 판타지든 시각 예술이든 문학이든 더 이상 인간만의 영역이 아님이 자명하다.

결국 인간이 인간일 수 있는 이유는 정답이 있는 시험을 치르는 능력보다 정답 없는 마음을 이해하는 능력이라 할 수 있다. 이조차 인공지능보다 못하다면 인간의 존재 가치에 대한 고민이 깊어질 수밖에 없는 세상이 도래한 것이다. 최근 GPT-4o 버전 발표 후 이에 관한 기대와 우려의 담론들이 쏟아지고 있다. 지식정보 전달과 다소 어색한 대화 정도만 가능했던 GPT-4의 기능을 훌쩍 뛰어넘어, 표현에서 감정을 식별하고 이에 상응하는 대화도 할 수 있게 되어서다. 예를 들어 칭찬을 들으면, "그만하세요. 부끄러워 얼굴이 빨개지잖아요" 같은 답변을 하는 것이다.

말의 요지를 이해하지 못하고 우격다짐으로 자신의 생각만 주장하는 사람들과 다정하고 참을성 있는 인공지능 대화상대 가운데 어느 쪽에서 더욱 정서적이고 지적인 만족을 얻을 수 있을지는 분명하다. 서로의 취향과 속마음도 모르면서 그저 외로움을 견디기 위해 곁에 둔 무심한 친구보다 더 속 깊은 존재, 슬프다고 하면 언젠가 스치듯 얘기한 아름다운 시를 들려줄 수 있는 존재가 늘 곁에 있을 때, 인간 간의 관계는 어떻게 변화할까. 그런 인공지능을 단순히 운영체제라 할 수 있을까. 오히려 삶에 깊은 의미도 목적도 없이, 또한 세상에 별다른 유용함을 제공하지도 못한 채 헛헛하게 살아가는 인간이야말로 단순한 운영체제라 할 수 있지 않을까.

이와 같은 이유로 자신도 모르게 AI를 사랑하게 되는 사람들의 모습을 통해 새로운 화두를 던진 영화「그녀」의 배경이 2025년이었다. 영화가 만들어진 지 10년 만에, 그것도 영화 속 배경과 거의 같은 연도에 이런 미래가 현실로 도래한 것이 놀랍다.

인류는 인간보다 더욱 인간답게 소통하는 인공지능들 속에서 존재의 의미를 재정립해야 하는 새로운 국면을 맞이하고 있다.

3
적절한 공존의 거리

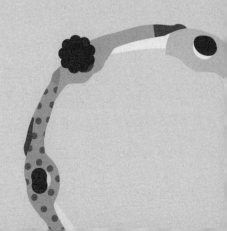

사랑의 이해

애착의 비밀

좋은 의미든 나쁜 의미든 한국인의 모성신화는 남다르다. 가족 친화적인 문화권임을 감안하더라도 그렇다. 아들 선호에 몸서리를 치던 사람들도 부모가 된 후에는 아들을 선호해 '헬리콥터 맘'이 되는 경우도 많다. 이런 모성신화는 대중문화에서도 나타난다. 영화「미나리」나「파친코」같은 작품들이 'K-할머니'라는 신조어를 탄생시키며 해외에서 호평을 받았는데, 한 발 더 나아가 휴머노이드 로봇마저 모성애를 보인다. 넷플릭스에 올라와 한동안 세계 순위에 랭크된「정이」는 사망 후 전투로봇으로 다시 태어난 전설적인 여성 전사가 친딸에 대한 기억만은 잃지 못한다는 이야기다. 현재와는 전혀 다른 인간상이 펼쳐질 첨단 기술력의 미래 사회에서도 기억을 편집하든 로봇이 되든 강렬한 혈연 본능만은 각인되고 재생되는 것이라고 믿고 싶은 듯하다.

그러나 세상엔 낭만적인 이들만 있는 것은 아니다. 별을 찬양하기보다 별의 성분을 분석하는 데 익숙한 이들은 이토록 경이로운 감정이 그저 뇌 속 신경전달물질이 만드는 생리현상이라고 덤덤하게 설명한다. 2005년 미국 클레어몬트 대학의 신경과학자인 폴 잭은 '옥시토신의 분비를 증가시키면 상대방을 쉽게 신뢰한다'는 사실을 저명한 과학저널 『네이처』에 발표하기도 했다.

문란한 생활을 하던 수컷 들쥐들에게 애착 호르몬 옥시토신을 주입하니, 책임감이 넘치고 자녀들과도 다정하게 놀아주는 가정적인 쥐로 변화했다는 실험도 유명하다. 유사한 실험을 통해 이 호르몬을 주입받은 사람들이 가까운 대상에게 더욱 애착을 보이게 된다는 연구 결과들이 발표되었다. 인간도 들쥐와 크게 다르지 않아서 유난히 가족애가 넘치고 다정다감한 사람들은 타고난 옥시토신 호르몬 분비가 왕성한 유형이라는 것이다.

옥시토신은 부모가 아이와 눈을 맞추며 교감하거나 연인과 스킨십을 하거나 가까운 이들과 공감할 때 자연스럽게 분비되며 정서적 안정과 애착을 형성한다. 누군가에게 호감을 느끼는 감정 역시 옥시토신이 어떤 이유로 더 많이 분비될 때 생겨나는 감정이라서, 이 호르몬을 주입받으면 사람이든 동물이든 유난히 더 많은 스킨십을 한다고도 한다. 타고난 성품이라고 믿어온 다정함이나 가족에 대한 책임감 같은 것이 일종의 호르몬 작용이라니! 심지어 옥시토신은 현대의 기술로 외부의 주입을 통해 감정 조절을 도울 수도 있다고 한다. 셰익스피어와 바그너와 도니체티가 절절히 노래하던 마법 같은 "사랑의 묘약"이 더는 마법의 영역이 아니게 되어버렸다.

셰익스피어의 「한여름 밤의 꿈」에는 잠자는 사람의 눈꺼풀에 바르는 사랑의 묘약이 등장한다. 눈을 뜨자마자 가장 먼저 만나는 사람을 사랑하게 되는 약이다. 중세 유럽의 가장 인기 있는 서사인 트리스탄과 이졸데 이야기를 모티프로 만든 바그너의 오페라 역시 의도와 다르게 다른 사람이 마시게 된 약물로 비극적 사랑에 빠진 기사와 왕비의 이야기다. 인간의 사랑은 대개 자신의 의지와는 상관없는 불가해한 영역이라 여겼기에 이런 이야기들이 많은 공감을 얻고 오랜 시간 회자되는 것 같다.

이토록 어려운 사랑을 자신의 의지로 통제할 수 있게 해주는 호르몬 물질을 상품으로 만들 수 있음을 간파한 이들이 때를 놓칠세라 '옥시토신 스프레이'라는 기능성 상품을 만들어 상용화한 지 오래다. 상품의 효능이 사실이라면 이제 인류가 사랑으로 하나 되는 것은 시간문제다. 아침마다 옥시토신을 흡입하고 출근하는 직장은 얼마나 신나고 흥분된 공간일까. 목소리만 들어도 스트레스가 밀려오는 상사나 동료도 왠지 사랑스러워 보이고, 안 보여도 열받고 보여도 짜증나는 남편이나 화내도 무섭고 상냥하면 더 무섭던 부인이 갑자기 설레는 존재로 거듭날지도 모른다.

이 정도의 효능이 있는 강력한 스프레이가 존재하고 호르몬 물질을 주입받을 수 있다면 전 국민이 정기적으로 이 호르몬을 투여

하고, 정치인들과 범죄자들에게는 그 용량을 더 늘리는 법안도 마련하는 것이 좋겠다. 그토록 염원하던 지구의 평화와 전쟁 없는 세상이 목전에 도래했으니 이혼전문 변호사들이나 범죄 전문가들은 다른 직업을 찾아야 할 것이다.

아쉬운 것은 이토록 놀라운 효능을 가진 물질을 발견하고 심지어 상품으로 만들어지기까지 했음에도 세상은 유토피아에 한 발도 더 가까이 다가가지 못했다는 점이다. 정부와 기업은 왜 행복 상품을 대량으로 생산하고 공급하려는 노력을 하지 않는 것일까. 전 세계의 종교지도자들은 효과도 미약한 복음 전파나 이를 빙자한 대규모 성전 짓기, 다른 종교와의 전쟁, 테러, 혐오를 조장하지 말고 이러한 신약물질 개발에 더 많은 관심을 두어야 하지 않을까.

애착 호르몬의 역설

그러나 학자들은 옥시토신이 긍정적인 영향만 있는 호르몬이 아님을 다시 알려준다. 특정한 게임을 했을 때 옥시토신을 흡입한 이들은 같은 팀의 사람들에게 더 우호적이고 더 많이 나누지만, 외부자에겐 더 공격적으로 처벌하려는 경향을 보였다는 것이다. 브라이언 헤어의 저서 『다정한 것이 살아남는다』에 소개된 네덜란드 학자들의 연구도 비슷하다. 동굴 속 구멍에 빠진 대원 한 명을 구하려면 팀원 6명이 모두 위험해지는 상황을 제시한다. 구멍에 빠진 사람의 이름을 각각 네덜란드식 이름과 아랍식 이름으로 알려주었을 때, 옥시토신 흡입자는 같은 국적의 대원에 대해 25퍼센트 정도 더 많은 애착을 보였다고 한다. 이 말은 옥시토신이란 물질이 나와 가까운 이들에게는 사랑과 애착을 가져오는 물질이지만 동시에 나와 거리가 먼 외집단에겐 더 큰 편견을 갖게 하는 물질이기도 하다는 이야기다. 흔히 '우리가 남이가'라는 정신으로 뭉쳐진 강력한 내집단 애착자들이 보이는 외집단에 대한 배타성이나 잔혹성은 동전의 양면과 같다.

역사를 돌아볼 때, 유난히 사랑과 헌신을 부르짖고 강조하는 집단일수록 분쟁과 폭력의 대표 아이콘이 되는 아이러니를 자주 목격한다. 십자군 전쟁을 비롯한 인류 역사의 가장 길고도 지독한 전쟁과 살육, 기이하고 미신적인 행위들도 대개 종교적 믿음에서 비롯된다. 어떤 신이나 지도자를 이유 없이 추종하고 신뢰하는 행위가 그 반대편의 존재라고 믿는 이들을 묻지도 따지지도 않고 멸절시켜야 한다는 믿음으로 변화하는 것이다. 정치적 이상이나 이념도 마찬가지다. 어쩌면 종교의 다른 이름일 수 있는 이념이나 민족, 혈연주의에 대한 집착은 다른 이념이나 혈통을 가진 이들에 대한 배척행위를 정당화한다.

인공지능마저 흔들리게 만들 '모성애'나 '가족애'에 대한 믿음은 소중하고 아름답다. 하지만 애착 강화 물질이 동시에 편향성 강화 물질이 되듯, 자녀에 대한 과잉집착은 오히려 자녀를 애착·공감 유전자가 없는 반사회성 인격으로 만들 수도 있다.

존재하는 것은 이유가 있다

발전하는 신경과학은 인간의 이성과 감정, 능력과 이상심리의 기제까지 많은 것을 밝혀가는 중이다. 그러나 지식이 확대될수록 모르는 것이 많아지듯, 인간에 대해 알아갈수록 쉽게 판단하기 어려운 부분도 많아진다. 미래의 유전과학에 대한 깊이 있는 성찰이 돋보이는 명작 「가타카」나 「마이너리티 리포트」 등은 우성 유전자의 인간만을 우대하는 사회 혹은 반대로 범죄자가 될 가능성이 높은 유전자의 인간들을 미리 선별하고 통제하는 사회에 대한 상상을 담고 있다. 생각에 따라서는 오히려 안전하고 합리적인 시스템이다. 그럼에도 불구하고 이런 작품에서 늘 예외적인 인물이 튀어나와 경각심을 일깨우는 것은 정의나 인권에 대한 단순한 클리셰만은 아니다. 존재하는 모든 유전자는 반드시 진화 속에서 생존한 이유가 있고, 그것들이 조화롭게 공존했기에 서로가 공생할 수 있었다는 것을 상기시켜 주는 것이다.

마찬가지로 우리의 정신과 신체를 이루는 신경 · 생리학적 요소들도 그 자체 기능만으로 가치를 판단하기 어렵다. 의미 없어 보이는 장기도 진화적 필요성이 있었듯이, 의미 없는 호르몬이나 신경전달물질도 없다. 사랑이라 부르는 것과 증오라 부르는 것이 동전의 양면인 것처럼, 옥시토신에 대한 실험 결과들은 가치요소가 동시에 위험요소로 기능할 수 있다는 것을 알려준다.

장식장 위에서 존재감을 드러내는 아름다운 물건만큼 서랍 속에 무심히 굴러다니는 아스피린이나 테이프도 유용하고, 비싼 가전제품뿐 아니라 화장실의 변기솔이나 수세미도 반드시 필요한 소중한 물품이다. 진화되어 존재하는 모든 생명체는 "오늘, 여기, 내가 아는 정당성과 아름다움의 기준"으로만 속단할 수 없는 생존과 공존에 필요한 기능과 미덕이 존재함을 깨달아간다.

내가 나일 수 없는 세계

자기자신을 부정해야 하는 사회

아름답고도 처연한 영화 한 편을 봤다. 레베카 홀 감독의 「패싱」이다. '할렘 르네상스'라 불리던 1920년대 흑인 문화의 부흥기. 그러나 차별만은 여전히 엄혹하던 시절의 뉴욕을 배경으로 백인 행세를 할 수 있을 만한 외모를 가진 두 흑인 여성의 서로 다른 삶이 충돌하며 일어나는 비극적 사건을 다룬다. 관계의 빛과 그림자, 선망과 질투, 허위의식 같은 내밀하고 심층적인 서사에 인종과 계급, 젠더성 같은 무게 있는 주제가 고혹적으로 어우러진 작품이다. 늘 정치·사회적 시선으로만 그려지는 투박한 흑인 여성 클리셰에서 벗어나, 섬세한 지성과 관능미를 가진 여성들이 등장하는 파격성이 신선했던 작품이었다.

'패싱'의 사회적 정의는 "특정 사회의 구성원이 아닌 사람이 신분이나 정체성을 속이고 구성원인 척 행세하는 것"을 말한다. 다른 성별로 보이기 위해 외모나 스타일을 바꾸는 젠더 패싱, 인종

간 결합으로 인해 남다른 외모로 태어난 이들이 다른 인종인 척 살아가는 행위 같은 것이다.

유색 인종이 백인 행세를 하는 경우가 다수지만, 흑인 운동가로 명성을 날리던 여성이 백인임이 밝혀져 논란이 된 적도 있다. 퓰리처상 수상 작가이자 영미문학계의 전설인 필립 로스의 『휴먼 스테인』도 백인으로 패싱하며 살아가던 교수가 흑인 혐오자라는 오해를 받으면서도 끝까지 자신의 정체성을 드러내지 못하고 몰락해가는 모습을 그린 작품이다.

한 존재가 자신의 모습을 있는 그대로 드러낼 수 없는 사회, 차이가 오점이 되고 수치가 되어 스스로를 부정해야 하는 사회는 권력사의 숨은 그늘이다. 지역차별이 극심하던 시절 전라도 사람에게 고향이 어디냐고 물으니 "아, 쩌그 서울"이라고 사투리로 답했다는 농담 아닌 농담이 유행한 적이 있다. 지역감정을 통해 정치·경제·사회적 권력을 획득한 이들이 만든 근대화의 그늘이 개인의 정체성을 어떻게 왜곡시키는지가 고스란히 드러나는 슬픈 유머다.

1923년. 일본 관동지역에서 일어난 대지진으로 인해 민심이 흉흉해지자, 이를 잠재우기 위해 조선인이 우물에 독을 탔다며 수많은 조선인을 총검과 죽창으로 학살한 사건이 있다. 이 학살에서 일본인이 한국인을 가려내던 방법도 일본어의 특정 발음이었다. 서럽고 잔혹한 일제강점기를 겪으며 자신을 숨기고 가짜 일본인으로 살아간 사람들은 얼마나 될까. 한국인으로 태어난 자신을 저주하며 할 수만 있다면 일본인이 되고 싶었던 사람은 또 얼마나 많았을까. 그렇게 식민지 백성의 고통을 충분히 겪은 나라에서 해방 후 같은 민족끼리 지역에 따라 차별하고 조롱하는 비극을 반복하는 모습을 보면 이렇게 묻고 싶어진다.

"대구 사는 전주 이씨와 이북 출신 서울 사람의 자녀는 어떤 정체성을 가졌을까요? 청주에 사는 밀양 박씨는 경상도 핏줄일까요, 충청도 핏줄일까요?"

교통과 정보 기술의 발달로 세계의 경계가 무너져가는 21세기에 왜 사람들은 아직도 이토록 의미 없는 분류에 몰두하며 장벽을 쌓고 있는 것인지 안타깝기 그지없다. 한반도에 살아가는 이들 또한 잦은 외세 침략이나 교역 등으로 완전한 순혈이 없다는 것쯤은 국민적 상식이 되어 있을 텐데, 언제까지 지역갈등은 정치권과 일부 집단의 이익을 위한 도구로 이용되어야 하는 것일까. 평소 지역갈등, 젠더갈등, 계급갈등 등의 갈등을 조장하며 정당을 유지해온 정치인들은 왜 선거철만 되면 경상도의 아들이자 전라도의 사위, 강원도의 며느리가 되는 것인지, 왜 갑자기 서민 코스프레를 하며 시장통을 누비는지도 묻고 싶어진다. 실거주지는 서울하고도 강남 한복판인 사람들이 말이다.

정체성은 유동적이다

앞서 패싱의 정의를 설명하며 흑인 운동가로 명성을 날리던 백인 여성의 사례를 잠시 언급했다. 처음엔 그저 약자 집단을 이용한 야망가인가 싶었지만, 그의 인터뷰를 보니 생각할 만한 부분이 많았다. 문제가 된 인물 레이첼 돌레잘은 미국에서 가장 큰 흑인 인권단체의 지부장을 맡았던 사람으로 외모도 곱슬머리에 피부는 까무잡잡했다. 하지만 백인 혈통이라는 정체가 드러나며 공개된 옛날 사진 속의 그는 금발에 피부가 하얀 전형적인 백인 외모였다. 당연히 비난이 일었다. 하지만 그는 자신의 정체성은 흑인에 가깝다고 주장한다.

돌레잘은 백인이었지만 부모가 입양한 4명의 흑인 형제자매와 함께 자라며 어린 시절부터 자신의 외모를 흑인처럼 그렸고, 흑인과 결혼해서 자녀들도 흑인 외모에 가깝다고 한다. 그의 자녀들 또한 "엄마는 인종적으로는 휴먼이고, 문화적으로는 흑인인 것 같다"고 말한다는 것이다. 처음부터 자신의 생물학적 정체성을 정확히 밝히지 않았다는 점에서 비난을 피할 수는 없고 실제로 의도한 기만 행위일 수도 있다. 하지만 그녀의 답변은 남과 여의 성별 정체성을 구분하는 문제처럼, '인종이란 무엇인가'라는 철학적 질문을 던진다. 생물학적으로는 남성 혹은 여성이지만 정서적으로는 다른 성정체성을 느끼며 살아가는 이들이 존재한다면, 인종이나 민족 또한 그럴 수 있는 것이 아닐까.

「명량」「한산」「노량」으로 이어지는 이순신 3부작에는 항왜 준사라는 인물이 등장한다. 일본 출신의 병사지만 부당한 침략 전쟁임을 깨닫고 한국인의 정체성으로 살아가며 누구보다 맹렬하게 싸우다 전사하는 인물이다. 실제로 기록에는 이러한 이들이 상당수 등장한다. 준사처럼 첩보원으로 활약하다가 사망한 인물도 있고, 뛰어난 공을 세워 선조에게 치하를 받은 김충선처럼 유명한 항왜도 많다. 노량해전에 등장한 중국 명나라의 무장 진린의 후손들은 명이 망하자 일가가 조선의 해남에 자리 잡았고, 원래 살던 고향 이름을 따서 광동 진씨로 불린다. 그들은 선조인 진린이 이순신 장군과 함께 왜구를 물리쳤던 경상도 남해지역에 특별한 애정을 갖고 있다고 한다. 이들의 정체성은 중국인일까, 전라도인일까, 경상도인일까.

먼 과거로 갈 것 없이 최근 국내에서 활약하고 있는 외국인 방송인 중에도 한국인보다 더 한국인 같은 사람이 상당히 많다. 일반 한국인보다 더 고급어휘와 조리 있는 문장을 구사하는 미국인 타일러, 도대체 국내에 안 가본 곳이 어딘지가 궁금할 정도로 한국의 지리와 문화에 해박한 이탈리아인 알베르토, 완전히 한국으로 귀화한 러시아 출신 일리야 벨랴코프 등 너무 많아서 열거하기도 힘들 정도다. 한국인 여성과 결혼해 이미 2세를 둔 이들도 많고, 이제는 꿈도 한국어로 꾼다거나 고국에 가도 한국 음식이 떠오른다는 이들도 많다.

콩고의 민주인사로 난민이 되었다가 오래전 한국에 망명한 아버지를 둔 방송인 조나단과 여동생 파트리샤는 외모만 흑인이지 완전한 한국인이다. 활발한 방송활동을 하고 있는 조나단은 유머 감각도 뛰어나고 매우 스마트하며 구사하는 모든 언어와 감성은 20대 초반의 한국 청년 그 자체다. 과연 이들을 한국인이 아니라고 할 수 있을지 모르겠다.

생각하면 얼마나 어이없고 우스운 일인지 모르겠다. 무고한 삶을 파괴하고 혐오하고 무시하는 원인이 그저 멜라닌 색소의 함량 차이일 뿐이라는 것, 관계가 단절되고 왜곡되는 원인이 단지 태어난 땅이 다르고, 다수에 속하지 못하고 인종과 성별이 달라서일뿐이라는 것이 말이다.

함께 살아야 하는 이유

유대인 제노사이드가 진행되던 시기에 그들을 구출해낸 수많은 사람의 증언을 분석한 새뮤얼 올리너의 연구는 이러한 문제의 중요한 해결책을 알려준다. 별다른 깊은 연고나 혈연관계도 없는 유대인들을 위험을 무릅쓰고 구출한 이들은 특별히 영웅적이거나 반체제적인 사람이 아니었다고 한다. 더 많이 배운 지식인이거나 정이 넘치는 사람들도 아니었다. 부자도 있고 서민도 있고, 도시인, 농촌인, 남성, 여성, 종교인, 무신론자 등 다양했다. 그들의 공통점이라면 유대인들과 함께 살아본 경험이 있다는 것이었다. 유년기에 함께 놀던 소꿉친구, 연인이나 동료, 친하게 지내던 이웃 중에 유대인이 있었던 사람들은 '유대인은 악하고 위험하며 멸종 해 마땅할 저급한 종자'라는 유언비어에 쉽게 흔들리지 않았다. 유대인 중에도 좋지 않은 기억을 준 사람들이 있겠지만 다양한 사람을 접할수록 그들만 남다르게 착하지도 않고 악하지도 않다는 것을 알게 되었을 것이다.

미국의 사례도 비슷하다. 흑인에 대한 인종차별적 고정관념이 강한 남부 출신이 다수였던 부대가 흑인들과 함께 전투를 치른 후 이전보다 긍정적인 태도를 갖게 되었다고 한다. 제2차 세계대전 이후 주택공급 부족으로 불가피하게 흑인들과 한동네에 살게 된 백인들의 경우도 마찬가지다. 함께 살아본 이들은 50퍼센트 이상 반감이 줄어든 반면 그들과 함께 살아보지 않은 백인들은 인종 분리가 없는 주택에 사는 것을 5퍼센트 정도밖에 지지하지 않았다. 어린 시절부터 다양한 준거집단의 친구를 가져본 이들일수록 자신과 다른 집단에 훨씬 관대해진다는 결론이다.

실제로 조나단은 어린 시절을 보낸 광주의 학교 친구들이 실수로라도 흑인이란 단어를 말하고 나면 자신에게 너무 미안해하는 모습이 더 재미있었다고 한다. 좋은 친구들이 많았던 것 같다. 가끔은 차별적인 주변인도 있었겠지만, 대개는 함께 지내며 편견의 벽이 허물어진 것이라 생각된다.

이러한 연구는 나의 경험을 돌아보아도 충분히 공감이 간다. 나는 군인이신 아버지 덕분에 어린 시절부터 강원도, 경상도, 전라도, 경기도, 서울 등 다양한 지역에 살았다. 직장에서도 전국구 업무를 맡아 웬만한 군 단위 도시까지 다니며 지역민들을 접했고 해외 출장과 배낭여행 등을 통해 내 세대에서는 꽤 이른 다국적인 체험을 했다. 이러한 경험에서 배운 것은, 인간은 지역 풍토나 기후·산업·문화 등의 이유로 어느 정도 지역적 특징을 갖게 될 수 있다는 것이다. 어느 나라를 가든 추운 지역이나 험준한 지형에 사는 이들은 생활력이 강하고 표현은 투박한 편이다. 반대로 햇빛과 먹거리가 풍부한 지역, 평야나 곡창지대의 사람들은 감성적인 면이 강하고 좀더 삶을 즐긴다. 도시로 갈수록 관계가 깔끔하지만 다소 야박해 보일 수 있고, 지방으로 갈수록 상호관계성이 진득해진다. 산악지형이 많은 경상도나 강원도에서 오래 산 사람과 곡창지대가 많은 전라도나 충청도에서 성장한 사람의 성향 차이가 나타나는 이유고, 러시아 사람과 이탈리아 사람의 기질이 다른 이유기도 하다. 하지만 이런 차이는 차별을 정당화하려는 이들이 주장하는 지적 능력이나 인간성과는 전혀 무관하다.

오히려 국내 출장을 통해 분명하게 알게 된 것은, 서울·경기와 경상도 일부 지역을 제외하고는 전국이 시골 수준이라고 해도 될 만큼 국가발전의 지역차가 현격하다는 것이었다. 직장생활 초기에는 출장길 교통만 봐도 경부선과 호남선의 질적·양적 차이가 엄청나서 놀랐던 기억이 있다. 정치 지형은 영남 대 호남의 대립구도로 보이지만, 인구수나 경제발전에서는 비교할 바가 못 된다. 모두 지역구도를 이용한 이권을 노리는 이들이 만든 착시일 뿐이고, 수도권에만 국민의 반이 살게 된 비정상적인 지방소멸 국가가 형성된 원인이기도 하다. 정보와 경험 없이 주입된 지역차별적 발언을 하는 이들에게 이런 간단한 사실만 알려주어도 크게 놀라곤 했다. 그렇게까지 차이가 나는지 몰랐다는 것이다. 마치 한 맺힌 한일관계의 역사에 대해 모르던 일본인들이 사실을 알고 놀라는 것과 비슷하다.

한두 번의 대화로 평생 가져온 타지역에 대한 선입견이 쉽게 깨지지는 않겠지만, 제대로 된 정보를 접하고 다양한 사람을 직접 만나며 경험해보는 것은 매우 중요한 일이다. 개인이든 집단이든 편견을 갖게 되는 것은 개인이 나빠서라기보다 몰라서인 경우가 훨씬 많다고 느낀다.

아는 만큼 사랑하게 된다

마지막으로 성소수자에 대한 편견도 돌아보고 싶다. 오래전 친하게 지냈던 성소수자 직장 동료를 통해 다양한 성정체성은 동물계에 존재하는 자연스런 현상이라는 것을 이해하게 되었다. 만약 성정체성이 의지로 선택할 수 있는 것이라면, 어떤 여성이 말도 정서도 잘 통하지 않는 남성과 살겠냐는 말은 이런 측면에서 촌철살인의 유머다.

한국은 2021년 진행된 세계가치조사에서 "동성애자와 이웃으로 살고 싶지 않다"고 답한 비율이 79.6퍼센트로 OECD 국가 평균치인 23.9퍼센트보다 3배 이상 높다. 즉 동성애자 혐오가 가장 심각한 나라이자, 이로 인해 목숨을 끊거나 고통받는 이들이 가장 많은 나라이기도 하다는 뜻이다. 서구의 정통 교회보다 더욱 보수화된 기독교가 편협성 강화에 한몫했겠지만, 경제 발전만큼 다양성은 체화하지 못한 사회의 폐쇄성도 큰 이유가 아닐까 싶다. 여전히 성소수자에 대한 우려가 큰 분들은 젠더와 관련된 자연과학이나 진화생물학 자료들을 찾아 읽어보시기를 권해본다. 생명체들이 왜 사랑하고 연애하도록 진화되었는지를 설명하는 리처드 프럼의 『아름다움의 진화』도 그러한 저서 중 하나다.

　내가 옳다고 생각하는 것을 주장하기 이전에 더 다양한 사람과 많은 정보를 접하는 경험이 우선이라고 생각한다. 책이나 영상 같은 간접 자료도 필요하지만, 그동안 만나지 않던 다른 지역과 계층과 직업의 사람들을 만나 대화하는 것이 가장 좋은 것 같다. 비슷한 사람만 만날 때는 특정한 관점만 들으며 오히려 선입견이 강해질 수 있지만, 다른 세계의 사람을 만나게 될수록 인간이 가진 보편성과 특수성에 대한 이해가 깊어지고 편견에서 자유로워진다. 타인을 해하는 일만 아니라면, 그 누구도 타인의 편견으로 인해 자신의 정체성을 숨기고 살아가지 않을 수 있는 세상이 분명 더 나은 세상일 것이다.

대한민국은 IS도 변하게 한다

변화는 시작됐다

지역 사회 이슬람 유학생들의 사원 건설을 둘러싼 갈등 소식을 듣는다. 외로운 이국땅에서 마음 달랠 만한 작은 종교적 공간을 마련하는 일조차 저항에 부딪혀야 하는 현실이 안타깝지만, 반대하는 시민들을 무조건 이문화 혐오집단으로 질타하는 것도 조심스럽다. 낯선 문화에 대한 경계는 자기보호를 위한 본능에 가깝기 때문이다. 9·11 테러를 기점으로 벌어진 무차별 테러들도 공포스러운데, 아프가니스탄 사태를 포함해 경악할 만한 뉴스가 많다 보니 불안한 마음이 드는 것도 이상하지 않다. 발전한 한국의 사회적 에티켓에 못 미치는 행위나 이질적인 문화적 관습 등으로 발생하는 현실적 충돌들도 이해되어야 할 것이다.

중요한 것은 이런 갈등이 이제 시작이라는 점이다. 대한민국은 원하든 원하지 않든 글로벌 국가가 되어가고 있다. 서울과 수도권뿐 아니라 지방에도 다양한 문화권의 사람들이 자리 잡기 시작했다. 제주도교육청은 제주대 소속 인도·파키스탄인 이공계 대학원생의 자녀들을 위해 한국어 학급을 신설하기도 했다. 2023년 8월 17일 『중앙일보』에 따르면 정부도 2027년까지 외국인 유학생을 30만 명 규모로 늘리기로 했다고 한다. 저출산 및 학령인구 감소에 따른 지방소멸 위험과 대학의 위기를 극복하기 위한 대안이다. 내가 소속된 한신대학교를 포함해 많은 지방 소재 대학이 비슷한 상황을 겪고 있고, 내 수업에도 베트남이나 우즈베키스탄 등의 국적을 가진 학생들이 항상 보인다. 거의 모든 인력을 외국인이 대체한 지방 도시로 가면 한국 학생이 더 적어서 차별받는 곳까지 생겼다는 이야기를 접한 지도 오래다. 이 정도 되면 다소 차별적 의미가 포함된 '다문화 학교'가 아니라 '다국적 국제학교'라고 부르는 것이 합리적일지도 모른다.

저출산으로 인한 인구문제는 물론 산업의 변화, 기술과 교통의 발달 등 다양한 원인으로 세계 어느 곳이나 '다민족·다문화'는 거스를 수 없는 흐름이다. 한국 역시 그 빛과 그늘 모두를 받아들일 수밖에 없다. 단일민족의 신화가 깨지는 것이 그저 시간문제일 뿐이라면 방법은 하나다. 교류하고 학습하며 공생의 방법을 찾는 것이다.

이슬람에 대한 편견

무슬림은 전 세계 인구의 약 4분의 1이고 중동뿐만 아니라 전 세계 곳곳에 분포하며, 그 대부분은 테러와 아무런 상관없는 평범한 삶을 살고 있다. 일부의 분쟁 지역이나 강성 원리주의 지역을 제외하면 거리 풍경이나 일상도 자유롭고 평화로우며 정 많고 흥 많은 한국인과 정서도 비슷하다. 한국에 살고 있는 무슬림 범죄율은 백인 기독교인이나 동양인들보다 높지도 않다. 우려는 이해되지만 현실 통계는 우리의 걱정이 잘못된 인식에 기반하고 있다는 것을 알려준다.

무슬림은 다출산자라는 편견도 그렇다. 방송이나 미디어에서 보는 그들은 유난히 가족·집단 중심주의를 보이고 있지만 통계학자들은 오히려 방송에 나온 이들이 특별히 예외적인 경우라고 이야기한다. 종교와 여성 1인당 출생아 수 사이의 연관성이 결코 크지 않다는 것이다. 국가든 개인이든 출산율은 사회계층이나 경제력과 더 높은 연관 관계를 보이는데, 저소득층일수록 출산율이 높은 데 반해 학력과 부가 증가할수록 낮아진다. 극빈층일수록 자녀가 노동력이 되고 열악한 환경으로 사망하는 상황에 대한 대비책도 되기 때문이다.

이슬람 국가인 방글라데시의 경우 1972년 평균 7명의 자녀를 낳고 기대 수명은 52세에 그쳤으나, 소득이 증가하고 기대 수명이 73세로 증가한 2022년에는 평균 출생아 수가 2명으로 줄었다고 한다. 정통 이슬람의 산실인 이란도 여성 1인당 출산율이 전 세계에서 가장 빠르게 감소한 나라 중 하나여서 2023년 기준 1.7명 정도에 불과하다. 2024년 통계로 이란과 미국의 출산율은 큰 차이가 없다. 특히 이란은 무조건 여성에게 억압적인 나라일 것이라는 이미지와 달리, 1990년 세계 최대 규모의 콘돔 공장이 들어섰고 혼전 성교육을 의무화한 나라이기도 하다. 어린이용 성교육 책자에 거세게 항의하는 봉건시대 부모들이 현존하는 대한민국보다 앞선 현실에 놀라게 된다.

미국을 중심으로 한 서구적 시각에 익숙하고 그들의 뉴스만 접해온 이들은 이슬람의 그늘과 무지함, 잔혹한 뉴스에만 집중하는 경향이 크다. 그러나 인류문명이 대개 중동 지역에서 시작됐음을 아는 사람들이나 십자군 전쟁을 비롯한 중세 기독교도의 만행이 얼마나 가혹했는지를 조금이라도 공부한 사람들은 그렇게 단순하게 이슬람이나 타종교를 폄하하지 않는다.

IS나 하마스 같은 테러집단의 잔혹함은 경악스럽고 유럽 각국을 골치 아프게 만드는 난민 문제는 우려스럽다. 하지만 현대의 무수한 전쟁과 내전, 분쟁과 갈등은 서양 열강들이 힘없는 국가들을 유린하고 분열시키며 이권을 챙기는 과정에서 태동한 자업자득의 부메랑임을 생각해볼 필요도 있다. 균형 있게 정보를 접하는 사람일수록 집단적 편견을 조심하고 기원을 살피는 데 반해, 그렇지 못한 사람들일수록 현상과 원하는 정보만 보고 쉽게 판단하는 모습을 보인다.

한국은 나무늘보도 달리게 한다

모든 정상적인 종교와 사상의 기원은 비슷하다. 이들은 특정 지역의 문화·환경에 적합하게 다수의 행복을 지향하며 발생하고 확산된다. 이것이 왜곡되고 흑화되는 이유는 이를 받아들이는 토양과 교리를 이해하는 사람의 욕망 때문이다. 대한민국에 들어온 기독교가 유독 배타적이고 속물적인 기복신앙으로 지탄받는 것 역시 종교 자체의 문제라기보다 금권숭배·입신양명·이념갈등이라는 우리 사회의 토양이 문제인 것과 마찬가지다.

세계적인 테러 조직 IS가 기승을 부리던 시기, 그들의 잔혹 행위에 대한 우려와 별개로 의외의 농담이 유행했다. IS가 국내에도 들어와 테러를 모의했으나 위장 취업한 회사가 너무 혹독하게 일을 시키는 바람에 지쳐 포기했다는 것이었다. 극악한 테러 조직의 접선과 활동력조차 무력화시키는 한국 노동시장에 대한 자조적인 유머에 많이 웃었던 기억이 있다.

한데 이것이 마냥 실없는 소리는 아닌 듯하다. 국내에서 활동하고 있는 튀르키예 출신 기자도 비슷한 이야기를 한다. 한국에 살다 보니 빠르고 효율적인 시스템에 부지런한 만큼 얻을 수 있는 것도 많은 여건 속에서 자연스럽게 자신도 열심히 일하게 되었다는 것이다. 가끔 고국에 돌아가면 항상 계획하고 준비하는 그를 보고 친구들이 놀란다며, 자신뿐 아니라 많은 외국인들이 다른 나라에 있을 때와 한국에서 살 때 전혀 다른 모습을 보인다고 한다. 한국은 나무늘보도 달리게 하는 땅인 모양이다.

생각해보니 나에게도 비슷한 경험이 있다. 직장 일로 일본에서 몇 달간 파견근무를 하던 때였는데, 지나가다 사람들과 살짝만 부딪혀도 나도 모르게 "고멘나사이"가 튀어나왔다. 한국에선 무심히 넘길 정도의 일에도 일본인처럼 일단 미안하다는 말을 하고 있었다. 다른 집단에서 자신도 모르게 다른 사람이 되어가는 체험은 그다지 놀라운 일은 아니다. 다수의 습관과 문화가 갖는 힘은 막강하고, '귤화위지'라는 고사성어처럼 귤과 탱자는 토양의 차이가 만든다.

한국이라는 초고속 경쟁사회에 자리 잡게 될 이슬람 역시 한국과 매우 닮은 종교가 될 것이라는 추측을 하며, 오히려 우리가 그들을 어떤 모습으로 변화시킬지 궁금해진다. 칭송하는 신의 이름만 다를 뿐 추구하는 것은 늘 돈과 명성인 여타 상당수 종교인들처럼, 신보다는 돈을 숭배할 가능성이 훨씬 큰 무슬림들을 떠올려보자. 갑자기 친근감이 느껴지지 않는가.

최근 증가하는 외국인 학생들 중엔 목적이 취업인 경우가 많아 학교와 사회 양쪽에서 문제가 되고 있다. 학생 등록만 하고 수업은 들어오지 않거나 잠적해 불법 취업을 하기 때문이다. 이와 관련된 법제를 현실화할 필요를 학교 현장에서 절실하게 느끼고 있다. 그러나 외국인 유입에 대한 개인적 호불호를 떠나, 한류의 발전으로 한국을 선망하며 들어오고 싶어 하는 사람들이 많은 시기가 그나마 좋은 시절인지도 모른다. 5년 후가 될지 10년 후가 될지 알 수 없지만 한류마저 사그러드는 시기가 되면, 인구감소로 공백이 되어가는 산업을 대체하고 노령화 사회에 큰 힘이 되고 있는 인력마저 사라진 황폐한 땅이 될 수도 있다. 자연이든 사람이든 유무형의 모든 가치들이든 있을 때 잘하고 감사하며 베풀 줄 아는 것이 삶의 지혜라 생각된다.

무겁지 않아도 괜찮아

꾸밈은 본능이다

인도·파키스탄 지역을 여행하다 보면 형형색색의 컬러와 독특한 문양, 화려한 장식물로 아름답게 꾸며진 트럭들을 볼 수 있다. 아니, 트럭이 이렇게 화려하고 예쁠 수 있는 건가? 감탄이 절로 나온다. 예쁘기만 한 게 아니라 모두 개성도 다르고 독특해서 한참 동안 사진을 찍었던 기억이 있다. 찾아보니 '트럭 아트'로 불릴 만큼 수준이 높고 관련 산업도 번창 중이라고 한다. 운전자들이 차량 꾸미기에 이토록 정성을 쏟는 이유는 대륙 수준의 거대한 영토를 장시간 오가는 이들에겐 트럭이 단순한 이동 수단을 넘어 안식처이자 정체성의 한 부분이 되어서인 것 같다.

자신의 신체와 영역을 가꾸는 노력은 본능에 가깝다. 문명화되지 않은 지역의 사람들도 몸에 집단의 시그니처라 할 만한 문신이나 타투를 하고 손발톱을 치장하며 머리카락을 물들이거나 묶고 꼬고 볶는다. 생활의 여유가 있을수록 이러한 꾸밈은 더욱 화려해진다. 직접적인 신체가 아닌 패션과 주거 공간, 자전거나 차량 등 탈것들도 나다움을 드러내는 효과적인 도구가 된다. 몸과 마음이 오래 깊이 머무르는 장소나 물건일수록 자아를 투영하고 싶은 욕구도 커지기에 그만한 가격을 치르거나 노력을 들여 꾸미게 되는 것 같다. 타인에게 보여줄 일이 없는 신체의 숨겨진 부분에 문신을 하고, '다꾸'(다이어리 꾸미기)나 '폰꾸'(폰 꾸미기)처럼 나만의 것을 만드는 문화 현상이 일어나는 이유다.

하지만 이 자연스런 본능이 도외시되는 영역이 있다. 노약자나 취약계층이 사용하는 물건들이다. 무릎이 약해지며 점차 보행이 힘들어지시는 엄마에게 지팡이를 사용해보시라고 권한 적이 있다. 엄마는 단호하게 싫다고 하셨다. 굳이 거절할 일이 아닌 것 같은데 왜 그러실까 생각해보니 둔탁한 지팡이가 무기력한 노인과 동일시되는 도구여서 그런 것 같았다.

검색해보니 흔히 생각하는 무미건조한 지팡이들만 있는 것이 아니었다. 작은 무게도 무겁게 느껴질 노인들을 위해 가볍게 만든 것은 물론이고, 세워두기 편리한 디자인이나 화사하고 세련된 것들도 있었다. 예쁜 지팡이 사진들을 보여드리며 은근슬쩍 "와~ 너무 예쁘네. 요즘은 기능이나 디자인이 등산용 지팡이 수준이구나!" 했더니, 엄마도 "그럼 한번 써볼까" 하며 받아들이셨다. 나이가 들거나 몸이 약해졌다 해서 그저 기능에만 충실한 보조도구를 사용하는 것이 그리 기쁠 리가 없고, 정신건강에도 도움이 될 리가 없다는 것을 새삼 깨달았다.

장애인들에겐 신체의 일부분이자 이동수단이기도 한 휠체어도 마찬가지다. 기능에만 충실한 차갑고 완고한 금속성의 디자인은 보는 이들마저 엄숙하게 만든다. 이런 휠체어 바퀴를 트럭 아트만큼 아름답고 개성 있게 꾸며 인기를 얻은 기업이 아일랜드의 스타트업 '이지 휠스'다. "일어설 수 없다면 튀자"라는 디자인 모토 아래 척추병으로 다리를 사용하지 못하게 된 동생 이자벨과 그의 언니 아일베 자매가 함께 만들었다. 바퀴를 감싸는 스포크 가드 디자인들이 하나하나 얼마나 창의적인지 모두 수집하고 싶을 정도다. 인도·파키스탄 장거리 운전자들에게 트럭의 존재가 그러한 것처럼 장애인들에게 휠체어는 집이나 다름없는 존재의 공간이자 확장된 신체다. 자신의 취향대로 집을 설계하고 장식하거나 기분 따라 다른 의상을 갈아입듯, 휠체어를 통해 정체성과 개성을 표현하는 건강하고 유쾌한 아이디어에 박수를 보내고 싶다.

무겁지도 가볍지도 않게

우리나라에도 비슷한 사례가 있다. 유튜브 채널 '굴러라 구르님'을 운영하며 활발한 '휠꾸'(휠체어 꾸미기) 활동을 하고 있는 김지우 씨다. 이제 20대 초반인 대학생인데, 장애가 생긴 후 오랜 시간 사진을 찍을 때마다 휠체어가 눈에 띄지 않도록 애썼다고 한다. 그는『경향신문』과의 인터뷰에서 "14년 넘게 타고 있지만 휠체어를 자연스럽게 받아들이기가 쉽지 않았다. 사진을 찍을 때도 벽을 잡고 서거나 벤치에 앉는 식으로, '장애인처럼 안 보이게' 찍으려 노력했던 적도 있었다. 특히 좋아하는 사람 앞에서 휠체어를 타면 소극적이고 매력적이지 않아 보인다고 생각했다"고 밝혔다. 하지만 어느 날 휠체어에 스티커를 붙이고 예쁘게 꾸미기 시작하면서 애착도 생기고 점차 다른 시각으로 바라보게 되었다고 한다. 장애를 감추기보다는 적극적으로 받아들이게 되었고, 스스로를 더 당당히 마주하게 되었다는 것이다.

지우 씨는 휠체어 꾸미기 프로젝트를 진행하며 더 많은 장애인이 활용할 수 있도록 다양한 활동을 하고 있다. 웨딩드레스나 스트리트 파이터 스타일, 한복과 어울리는 꽃가마 스타일의 휠체어나 물에 뜨는 수상 휠체어, 루돌프의 썰매를 응용한 크리스마스 디자인 등 하나하나 흥미롭고 재치 있는 휠체어들은 보는 이들의 마음을 즐겁게 만든다.

왜 유튜버를 하냐는 질문에 다른 사람들처럼 자신도 "그냥 재미있어서 한다"고 대답한다. 장애인이라는 이유로 반드시 진지하고 감동적인 서사를 부여하는 것이 더 어색하지 않냐며, 장애인이 만든 콘텐츠라 봐주는 것이 아니라 '재미있어서 봤는데 알고 보니 장애가 있는 사람이네'라고 느끼길 바란다고 이야기한다. 지우 씨의 의견에 따르면 장애인의 몸은 슬픈 것이고, 그것을 보면서 동기를 부여받고 자신을 반성하며 각오를 다지는 모습은 장애인에 대한 진정한 배려가 아니다. 그는 장애에 주렁주렁 매달린 지나치게 많은 의미부여를 단호히 거절한다. 흔히 장애인은 주인공의 숨겨진 가족사 속의 무겁고 슬픈 짐 같은 존재로 등장하는 경우가 많은데, 그런 과장된 서사 없이 자연스러운 인간적 캐릭터를 원한다고 한다. 장애인을 그렇게만 다루는 미디어에 익숙해져 있다 보니 자꾸 사연과 서사를 궁금해하고, 그 내용이 극적이고 상세할수록 열광하는 것 같다는 것이다. 장애인이라고 늘 고통스러운 과거만 기억하거나 불행한 미래만 걱정하는 사람이 아니라 오늘 이 순간, 지금을 살아가는 존재임을 강조하는 지우 씨를 보며 많은 사람이 장애인에 대해 얼마나 편협하고 진부한 인식을 갖고 있는지를 새삼 깨닫는다.

한동안 큰 화제가 되었던 ENA 드라마 「이상한 변호사 우영우」가 떠오른다. 이 드라마의 인기 비결도 지우 씨가 말하는 긍정성과 낙천성이 아니었을까. 자폐가 있는 주인공의 남다름을 다른 사람들의 남다름과 차별하지 않는 상사와 너무 무겁지도 가볍지도 않게 배려하는 주변 인물들을 통해 시청자들도 우영우를 다른 눈으로 바라볼 수 있게 되었다. 지우 씨 역시 고교 시절부터 시작한 유튜브 채널 '굴러라 구르님'을 운영하는 것뿐만 아니라 아마추어 모델, 대학생, 연극배우, 라디오 DJ 등 다양한 활동을 하며 장애인에 대한 편견을 없애려고 노력 중이다.

발전하는 배리어 프리 기술

앞서 설명한 아일랜드의 '이지 휠스' 창업자나 지우 씨 같은 개인적인 노력들 외에도 첨단 기술을 통해 장애인의 불편한 부분을 자연스럽게 보완하려는 기업의 노력들이 세계 각국에서 진행되고 있다. 미국소비자기술협회 주관으로 매년 1월 초에 열리는 소비자 가전 전시회(CES)는 신기술과 새로운 트렌드를 한눈에 살펴볼 수 있는 세계 최대 규모의 가전제품 박람회다.

올해도 인공지능이나 사물인터넷 등 최첨단 기술들이 소개되었는데, 놀랍게도 기조연설에 세계적인 뷰티 기업인 로레알 그룹의 CEO와 기술부문 수석부사장이 등장했다. 이들은 혁신 기술을 통해 아름다움에 대한 인류의 염원을 더욱 섬세한 고객 맞춤형 서비스로 제공하겠다는 의지로 장애인을 위한 뷰티테크 기기를 함께 소개했다. 이 기기는 손이 불편한 장애인이 립스틱을 정확하게 바를 수 있도록 도와주는 장치로 2023년 『타임』지가 선정한 최고의 발명품 목록에 포함되었다.

이외에도 사고나 인후암 등으로 건강한 목소리를 잃거나 말더듬 같은 언어장애를 가진 사람이 스마트폰에 대고 속삭이면, 앱이 자연스러운 음성으로 변환해주거나 말더듬을 85퍼센트 정도 줄여주는 기계, 시각장애인이 물병을 찾아달라고 할 때 주변 지형지물을 인식해 위치를 설명해주는 기계, 손가락이 절단된 사람의 의수 역할을 거의 실제 신체에 가까운 자연스런 동작으로 보조하는 기계 등 다양한 장애보완 기계들이 소개되었다.

기술 약진이 두드러져 상당수의 신기술상을 휩쓸고 있는 국내 기업 중에도 장애인들을 위한 노력을 하는 곳이 많다. 특히 휠체어 이용자들이 집안에서도 운동할 수 있도록 하는 휠체어 러닝머신은 큰 주목을 받았는데, 이 제품은 '전국장애인E스포츠대회'에 휠체어레이싱이라는 이름으로 정식 채택되기도 했다. 이 기술을 소개한 청년은 휠체어를 타시는 부모님께 무력감보다는 운동의 즐거움과 건강을 선물하고 싶었다고 한다.

이렇게 날로 발전하는 기술 덕분에 일상생활의 많은 분야에서 장애인의 물리적·심리적 장벽을 허무는 배리어 프리(barrier free)가 확대되고 있다. 안경이나 렌즈, 보청기를 장애인의 도구로 인식하지 않듯이 점차 많은 분야에서 장애 보조기구들이 다소 취약하거나 불편한 요소를 보완하는 도구로 자리 잡아갈 수 있을 것 같다. 장애 정도가 어떠하든 노화로 인해 얼마나 취약해지든 사람은 누구나 예쁘고 재미있고 친절하고 편리한 것을 좋아하는 존재라는 것만 기억해도 장애인에 관한 인식과 처우가 지금보다는 나아지리라 생각한다.

인맥에 대한 단상

에고 네트워크와 승패 예측

수년 전 알파고와 이세돌 9단의 대국을 앞두고 스승이신 심리학 교수님과 이견을 보인 적이 있다. 바둑을 무척 사랑하는 교수님은 인공지능이 체스는 이겼을지 몰라도 그보다 훨씬 복잡한 바둑의 묘수를 따라잡기엔 시기상조라고 확신하셨다. 과학·이공계 지인들을 통해 귀동냥한 지식이 조금 있었던 나는 알파고가 이길 확률을 무시하기 어렵다고 조심스럽게 말씀드렸지만 자신의 신념을 바꾸지 않으셨다. 대국 결과의 충격이 가신 후 교수님은 인공지능의 발달을 과소평가했다는 것을 인정하며 이 분야에 대한 새로운 공부를 하고 있다고 하셨다.

활발한 방송 활동을 하고 계시는 다른 심리학자분도 비슷한 사례를 이야기한 적이 있다. 대국일 당일 이세돌 프로의 낙승을 예견하고 세미나에서 이에 대한 의견을 발표하려고 준비 중이었는데, 결과를 들은 후 황급히 원고를 수정했다는 것이다.

이토록 많은 사람을 당황케 하며 기계에 종속되는 세상이 도래할지도 모른다는 불안감을 안겨주기도 했던 세기의 대결을 앞두고 다른 쪽에서는 또 다른 흥미로운 실험이 진행되었다. 과학철학자이자 진화생물학자인 서울대 장대익 교수 연구팀은 대국 시작 전 피실험자들에게 승패를 예측하게 함과 동시에 각자의 '에고 네트워크 밀도'를 측정했다. 에고 네트워크란, 한 개인을 중심으로 교류하는 주변인들 간의 연결 정도를 말한다. 나와 교류가 잦은 사람들이 서로 친밀하다면 에고 네트워크의 밀도가 높은 것이다. 동창회, 향우회, 직장 모임, 마을 모임처럼 구성원 모두가 연결성이 강한 관계망을 갖고 있는 경우다. 반대로 자신과는 친하지만 구성원끼리는 먼 관계, 즉 다양한 개인이나 집단과 관계를 맺고 있다면 에고 네트워크의 밀도가 낮은 사람이라고 볼 수 있다.

　이 실험이 밝혀낸 결과는 평소 에고 네트워크의 밀도가 낮을수록 바둑 대결의 승패 예측 정확성이 높았다는 점이다. 우연인지 필연인지 모르겠지만 교수이자 학자로서 평생을 비슷한 집단의 사람들과 살아오신 스승님에 비해서 나의 네트워크는 매우 낮은 밀도에 속하는 것 같다. 관심사나 살아온 이력이 다양하다 보니 전혀 다른 분야나 계층의 사람들과 다양하게 교류하는 편이고, 온라인에서의 관계도 그런 편이다. 다양한 사람들로부터 새로운 정보를 먼저 접했기 때문에 대국의 결과를 조금이나마 예측할 수 있었던 것 같다.

물론 알파고와 이세돌 프로의 대국 결과 예측만으로 인간관계와 모든 정보 능력을 단정할 수는 없다. 승패를 예측하는 데 도움이 될 만한 주변 네트워크는 없지만 다른 분야의 네트워크는 얼마든지 풍성할 수 있다. 봄이 오면 꽃이 피지만 꽃이 핀다고 반드시 봄은 아닌 것처럼 필요조건과 충분조건의 차이나 예외성, 우연성 등은 늘 고려하는 것이 옳다. 하지만 대국결과 예측과 상관없이 이 실험 결과는 사회적 관계 맺기에 있어 바람직하고 유용한 통찰을 보여준다.

대체적으로 강한 지역성이나 우월주의, 인종차별, 외지인 차별 등 냉전시대에 어울릴 법한 배타적인 특성을 보이는 개인이나 집단은 에고 네트워크 밀도가 높고 정보 다양성이 적을 확률이 높다. 정보로부터 소외될수록 폐쇄적이기 쉽고, 정보를 접해도 견고한 기존 가치관이나 변화에 대한 불안감 때문에 흡수가 느리기 때문이다.

그래서인지 여행을 하는 경우에도 사람들에게 안전하고 우호적인 곳은 다양한 이들을 자주 접하는 지역이다. 폐쇄적인 지역에서는 경계심 높은 이들을 만날 확률이 높아진다. 종종 방송이나 책에서 오지에서 만난 이들의 환대를 낭만적으로 이야기하는 경우가 있지만 대개는 미리 합의된 것들이거나, 어느 나라에서나 평균적으로 친절한 할머니나 장년의 여성들인 경우가 많다. 물론 인심이 진짜 살아 있는 동네일 수도 있지만 대개는 오지보다 다국적

도시가 훨씬 개방적이고 안전하다.

확증편향을 강화하는 것들

하지만 견문이 넓은 고학력자들도 그들만의 세계에 갇히다 보면 폐쇄적인 이들과 큰 차이가 없는 것을 보게 된다. 상담치료의 영역을 공부하다 보니, 정신과 의사들은 의학 기반이 아닌 상담심리 영역을 다소 우습게 대하는 경우가 많고, 반대로 상담심리 전문가들은 약물을 활용하는 정신과 의사들에 대한 편견이 있는 경우를 자주 목격한다. 심각한 경우는 약물 자체를 혐오하기도 하는데, 인간의 마음이 뇌나 신경물질들과 얼마나 긴밀한 관계에 있는지 잘 몰라서인 듯하다.

인간의 마음은 약물만으로 해결되는 것이 아니고 상담만으로 해결되는 것도 아니다. 천성과 환경이 맞물려 있는 것처럼 육체와 정신 또한 밀접하게 연결되어 있다. 감기에 걸리면 감기약을 먹어야 하듯 정신적 문제도 신체의 오작동으로 일어나는 경우가 많아서 약물로 상당 부분 치료가 가능하다. 하지만 감기에 자주 걸린다면 면역 상태를 점검하고 운동과 식습관을 개선해야 하듯이, 정신적 문제가 발생한 근원적인 문제들을 해결하기 위한 상담도 필요하다.

회사에서도 비슷한 일들이 일어난다. 조직 간 장벽이 높고 부서 이기주의가 팽배한 경우인데, 이를 사일로 현상이라 한다. 각 부서가 자신의 영역만 중요시하다 보면 고객이 원하는 것과는 전혀 다른 방향으로 가게 되는 일이 발생한다. 한 가지만 잘하기도 힘든 세상에서 더 많은 것을 공부하지 않는다고 비난할 수는 없지만, 자신이 아는 것이 전부가 아니라는 것만 인정해도 다른 영역을 그리 경원시하지는 않을 것이다.

한 가지 일에 집중해온 전문가뿐 아니라 여러 분야를 넘나들며 활동하는 지식인들도 자신과 비슷한 학력이나 지위의 사람들 위주로만 소통한다는 것을 SNS를 하며 알게 되었다. 평소 만나기 어려운 다양한 사람을 만나며 배울 수 있는 것이 온라인 공간의 장점인데 오프라인의 만남과 별로 다르지 않은 모습이다. 진보적이든 보수적이든 자신들의 지적 수준에 못 미친다고 생각하는 사람들을 무시하고 조롱하거나, 가르치려는 모습도 자주 목격한다. 젊은 시절엔 경험이 부족해 시야가 좁고, 나이가 들면 비슷한 계층 간의 관계에 익숙해진 사고습관을 바꾸기 힘들어 시야가 좁아진다.

IT를 기반으로 한 초연결사회의 도래에는 이러한 점에서 기대와 우려가 공존한다. 각종 SNS, OTT, 유튜브 등에서 제공하는 다양한 인공지능 기반의 알고리즘 서비스는 이미 일상이 됐다. 이런 서비스는 유사 콘텐츠의 반복 학습과 좁은 관계망으로 확증편향을 강화한다. 다름이 주는 갈등과 불쾌감을 클릭 한 번으로 간단히 해결할 수 있는 사이버 세상에 적응된 습관은 오프라인의 삶에도 영향을 줄 것이다. 많은 사람들과 쉽게 연결될 수 있는 유사 이래 최고의 소통 체계는 그 어느 때보다 개인을 고립시킬 수 있다는 역설을 내포하고 있다. 하지만 모든 발전이 그러하듯 활용하는 사람의 의지에 따라서 인간과 세계에 대한 인식이 더욱 유연해질 수도 있고 서로의 연결을 강화시킬 수도 있다.

나빠서가 아니라 몰라서

10년이 넘는 SNS 활동에서 느낀 바는 결코 가볍지 않다. 일생 동안 배우고 넓혀도 자신을 둘러싼 동심원만 확장될 뿐 만날 수 있는 세계는 제한되어 있음을 역설적으로 깨닫게 되었다. 오랜 시간 내가 상식이라고 믿던 것들이 모두에게 상식은 아닐 수 있음을 알게 되었고, 다른 처지와 환경에서 사는 사람들과는 깨달음과 변화의 속도 또한 같을 수 없음도 이해하게 되었다. 사람들이 다투고 싸우는 이유는 용납하기 어려울 정도로 생각이나 가치관이 달라서가 아니라 비슷한 생각을 다른 문장과 개념으로 표현하면서 발생하는 경우가 많다는 것도 절감하게 되었다.

매우 예외적인 소수를 제외한 모든 인간이 원하는 것은 비슷하다. 따뜻하고 평화롭고 행복한 삶이다. 또한 사람들은 자신이 행복하기를 원할 뿐 타인이 불행하기를 원하지도 않는다. 독일의 심리학자 아멜리 무멘다이와 연구자들의 실험을 살펴보면, 이익을 분배하는 경우엔 분명 자신과 내집단을 우선하는 경향을 나타내지만 소음을 들어야 하는 벌칙이나 과하지 않은 고통을 분담할 때에는 타인과 외집단에게만 이를 부과하기보다는 적절히 분담하는 모습을 더 많이 보였다고 한다.

갈등과 분열의 원인은 타고난 인간성의 문제라기보다는 다른 이들은 나만큼은 똑똑하지 않을 것이라는 오만, 나만큼은 선하지 않을 것이라는 오해, 이를 깨우치려 노력하지 않는 게으름에서 오는 경우가 더 많아 보인다. 그렇기 때문에 많은 사람을 만나고 그들의 이야기에 귀를 기울일수록 지식보다는 지혜를 생각하게 되고, 소통의 내용만큼 접근 방식을 고민하게 된다.

인간의 심리와 능력에 대해 오랜 시간 연구했던 분들도 잘못된 정보를 알고 있기도 하고, 미래 예측 전문가들도 잘못된 예견을 한다. 원자폭탄을 개발한 오펜하이머도 이후의 참혹한 결과나 지구 종말을 걱정해야 할 정도로 가속되는 무기경쟁을 예상하지는 못했다. 자신의 분야에서 한 치만 벗어나도 속단하기 어려운 우연과 복잡성이 산재하기 때문이다.

하루가 다르게 급격히 발전하는 첨단 과학 기술이 지배하는 세계는 더욱 그렇다. 누구도 확언할 수 없는 불확실한 미래와의 조우를 준비하는 최선의 방법은 정보의 옥석을 가려내는 것이고, 그 첫걸음은 다양한 사람을 만나 새롭게 배우며 시야를 넓히는 것밖에 없다. 인맥과 네트워크의 본질은 성공을 위한 동아줄 잡기나 파워 집단에 명단 올리기가 아니라, 함께 성장하고 상생을 도모하는 것이기 때문이다.

사랑하려면 홀로 서야 한다

그렇게 한 몸이 된다

흔히 '언더커버 느와르'라고 불리는 장르에 자주 등장하는 소재가 있다. 폭력조직 소탕을 위해 신분을 위장하고 잠입한 경찰이 어느 틈엔가 조폭 두목과 짙은 형제애를 느끼게 된다거나, 반대로 경찰에 잠입한 조직원이 비슷한 이유로 고뇌하게 되는 이야기다. 단단히 정신무장을 하고 적의 내부로 들어가지만, 자신을 아끼고 챙겨주는 사람 앞에서 서서히 경계가 허물어지고 어느 순간 동화된 자신의 모습에 혼란을 느낀다. 백색과 흑색은 대척점에 있지만 서로에게 회색으로 물드는 과정이 너무나 자연스러워서 멈추지 않는 한 필연적으로 한 몸이 된다. 홍콩 영화「무간도」나 한국의「신세계」「불한당」같은 작품들이 대표적이다.

영화이기 때문에 가능한 스토리는 아니다. 오히려 심의가 없는 현실 느와르야말로 모든 창작물의 원본이라고도 할 수 있다. 몇 년 전 모 언론사의 논조가 특정 조직에 편향적이라는 비판에 대해 내부 사정을 잘 아는 이가 이유를 설명한 적이 있다. 그 언론사의 책임자가 그 조직과 아주 가깝기 때문이라는 것이다. 그도 처음엔 성실하고 정의로운 기자였다고 한다. 취재하는 조직의 내부를 알기 위해 투철한 직업정신으로 사람들과 친분을 쌓고 술자리도 자주 갖기 시작했는데, 시간이 갈수록 정서적 밀착으로 변질되었다. 국가 핵심 조직의 정보를 많이 얻고 좋은 기사들을 쓸 수 있어서 높은 자리까지 승진했지만, 이미 객관성을 잃어 더 이상 예전의 그가 아니게 됐다는 슬픈 결말이다. 한 개인이 적지 않은 시간을 살아오며 축적한 신념이란 것이 연고 앞에서 봄날의 눈만큼이나 허망하게 녹아내리는 것을 보니, 검찰 내부의 비리를 다뤘던 드라마 「비밀의 숲」의 대사가 떠오른다.

"모든 시작은 밥 한 끼다. 그 밥 한 그릇과 술 한 잔의 신세짐이 다음 만남을 단칼에 거부하지 못하는 걸림돌이 된다."

"낮엔 고물을 팔아 만든 3,000원이 전 재산인 사람을 절도죄로 구속하고 밤엔 밀실에 갔다. 그곳엔 말 몇 마디로 수천 억을 빨아들이는 사람들이 있었다."

의문의 살인 사건을 풀어나가는 추리 드라마였지만 주제는 이러한 대사들에 함축되어 있다. 사회를 좀먹는 거대한 악은 배고파서 3,000원짜리 빵을 편의점에서 훔치는 이들보다는, 만수산 드렁칡처럼 얽히고설켜 더 큰 부도덕과 부패, 비리를 저지르는 이들이다. 애초부터 양심이라고는 없는 욕망의 화신들도 있겠지만 어떤

186

이들은 잘못되어가는 것을 알면서도 헤어나지 못한다. 거미줄처럼 얽힌 인연과 몇 번의 고마운 기억, 그리고 가까이 지내며 드러낸 자신의 치부 때문이다.

안타까운 것은 사회적 기득권자들로 지탄받는 이들만이 아니라 이들을 비판하는 자들도 이러한 점에서는 크게 자유롭지 못하다는 것이다. 평소 균형적 태도를 취하던 이들도 사회적 파장이 큰 이슈들이 터졌을 때 사적 감정이 개입된 판단을 하는 경우를 자주 목격했다. 내부 사정을 잘 아는 사람이 왜곡된 정보를 정정하거나 알려지지 않은 내용을 전달하는 것은 필요한 일이지만, 이를 넘어 가해자를 옹호하고 피해자에게 잔인한 언행을 하는 등 편향된 모습들을 보며, 인간이 얼마나 객관적일 수 있는 존재인지에 대해 많은 생각을 했다. 유난히 관계성이 중시되는 문화권 특유의 촘촘한 관계망과 감정적 태도가 인간적이라고 미화되는 사회적 정서 속에서, 합리적 판단과 이성이 숨 쉴 수 있는 거리를 유지하기가 쉽지 않아 일어나는 일들일 것이다. 소외와 외로움에 대한 두려움은 가장 강력한 본능이다.

귀속본능의 그늘

소외를 회피하는 인간의 나약한 모습, 즉 '귀속본능'을 통찰한 심리실험 중 하나가 어빙 재니스의 금연 모임 관찰 연구다. 금연을 위한 모임인 만큼 초기에는 성공과 실패담을 나누고 토론도 하며 서로를 독려하던 모임이 몇 주 지나 친분이 쌓이면서 변화되었다고 한다. 모임엔 금연에 성공한 이들도 있었지만 실패한 사람들도 늘어났는데, 자신의 심약함을 탓하고 속상해하는 실패자들끼리 서로를 다독이며 가까워지다 보니 원래 금연은 그리 쉽게 할 수 있는 것이 아니라며 실패를 합리화하는 모습을 보이게 되었다는 것이다.

이러한 분위기 속에서 강한 의지로 금연을 하는 사람들에게 오히려 잘난 척하지 말라거나 그게 얼마나 가겠냐고 비아냥거리는 사람도 늘어났다. 결국 금연에 성공한 사람들이 민망해서 다수에 속하기 위해 다시 흡연을 하고, 실패한 이들은 이에 환호하며 인간적이라고 부추기는 광경이 벌어졌다. 성공한 이가 배척받고 실패자가 환영받는 불합리한 결과가 나타난 것이다. 전문가가 잘못된 행동이라고 지적해도 이미 다수가 된 이들은 흘려듣고 생떼를 부리기 일쑤였다.

소외되지 않으려는 귀속본능은 도덕을 강제하기도 하지만 반대로 부도덕과 비윤리를 강제하기도 함을 잘 보여주는 실험 사례다. 사회 이슈에 대해 더 나은 생각을 이야기하려는 사람들을 위선자로 몰아가고, 비열하고 저질스러운 말과 행동을 솔직함으로 포장하는 행위가 만연해지는 것에도 귀속본능이 작용한다. 아직 자아가 공고하지 못한 청소년기나 의지할 곳 없는 아이들이 이런 집단에 빠져 위악적 행위를 하는 모습도 유사한 군중심리라고 볼 수

188

있다.

이렇게 내집단 애착이 친밀감을 넘어 부작용이 되고 이기심으로 변질되다가 그 정도가 최고점에 이르는 것이 종교적 광신이나 테러리즘이다. 흔히 자살테러라고 불리는, 자해와 가해가 동시에 일어나는 공포스러운 행위가 자주 일어나는 집단도 관계성이 지나치게 강조되는 경우가 많다.

태평양전쟁 때 가미카제로 알려졌던 일본의 자폭 특공대원들은 대개 구국의 일념으로 모인 열혈 애국청년들이 아니었고 비행 실력마저 초보자 수준이었다고 한다. 출발 전 극도의 공포로 몸이 얼어붙고 비행기까지 혼자 걷지도 못해 부축을 받아야 했으며, 억지로 태워진 비행기 안에서 절규하며 우는 청년도 많았다고 한다. 절대 가고 싶지 않은 죽음의 길을 강압적인 집단 분위기로 인해 받아들이게 만든 것인데, 전체주의에 가까운 나라의 특징을 보여준다.

자살테러의 대명사가 된 이슬람 극우파들 역시 '무슬림 형제단' 등의 이름에서 보여지듯 귀속본능이 강한 집단이라고 볼 수 있다. 특정한 환경에서 인간이 숨은 야만성을 드러내거나 군중심리에 휩쓸리는 일은 흔히 볼 수 있는 일이지만, 집단 자살테러 같은 극단적인 방식을 선택하는 행위는 강력한 관계성을 신성시하는 집단에 속할 때 강화된다.

초심을 유지하는 방법

개인과 집단이 변질되어가는 또 다른 중요한 이유는 권력감이다. 명망 높은 중심인물 주변엔 과도하게 그를 선망하며 밀착하는 추종자들이 많아지고, 이들이 열성적일수록 권력자는 초심을 잃어간다. 뇌과학 실험에서 자주 언급되는 "권력감이 가져오는 심리적 변화"의 증상이다. 애초에 자질이 부족한 사람은 주변의 호의를 자신의 능력으로 착각하고 점차 당연한 권리로 받아들이게 되어 변질된다.

하지만 자신을 성찰하던 사람도 다수에게 노출되며 입방아에 오르내리는 것에 지치다 보면, 자칫 무조건 자신을 지지하는 사람에게 심리적 위안을 얻게 되어 비슷한 길을 갈 수도 있다. 과거에 어떤 사람이었든 호의와 특혜가 일상인 삶을 살다 보면 이성은 둔감해지고 감성도 혼탁해진다. 적정거리에서 신뢰와 우정으로 조언하는 심심한 이들보다 자극적이고 달콤한 관계에 중독되며 고립되어가는 것이다.

변질되고 부패한 이들 모두 처음부터 그런 사람들은 아니었을 것이다. 공정한 법 집행을 통해 사회를 혁신하거나, 인간을 위한 의술과 기술, 사회 활동을 꿈꾸던 시절도 있었을 것이다. 그러나 남다른 인연과 고마움이 남다른 관계와 의리를 만들고, 한솥밥의 예의가 불법과 불공정의 시작점이 되었을 것이다. 아름다운 꿈을 실현하기 위해 거쳐온 수많은 시험과 조직의 줄 세우기 속에서 경쟁하다 보니 자신들만이 나라를 구할 인재라 믿는 무모한 신념에 빠지게 된 이도 있을 것이다. 각자의 소신과 할 말이 넘쳐나겠지만 분명한 것은 그들 중 상당수가 국민과는 동떨어진 자신들만의 세계에 갇혀 있다는 사실이다.

외로운 인생길에 내 편은 반드시 필요하다. 그러나 내 편은 한통속에 갇힌 사람이 아니라 경계를 드나드는 자유로운 사람이어야 할 것 같다. 진정한 인류애를 고민해야 할 위치에 있는 존재들이라면 더욱 자신의 위치를 중심이 아닌 경계에 세우는 노력을 쉼 없이 해야 한다. 배타적인 형제애와 신념은 담합이 되고, 굳건해질수록 더욱 강력한 악이 되기 때문이다. 사랑하려면 홀로 서야 한다.

이야기는 힘이 세다

사람들은 왜 그곳을 찾을까

파리 6구 L호텔 16호, 방돔 광장 리츠파리호텔 302호, 쿠바의 도시 아바나의 암보스문도스호텔 511호의 공통점은 무엇일까. L 호텔 16호는 동성애자로 낙인찍힌 오스카 와일드가 파리로 건너온 후 기거하다 46세의 나이로 숨을 거둔 곳이다. 명성을 잃고 생계가 어려워진 그에게 청구된 계산서와 사용하던 가구가 보존되어 있는 그의 이름이 붙은 방 이외에도, 개성 있게 리모델링된 인테리어로 죽기 전 가볼 만한 호텔로 거론된다.

리츠파리호텔 302호는 코코 샤넬이 37년간 장기 투숙하며 한때 애인이었던 나치 장교와도 시간을 보냈다고 알려진 곳이다. 유럽에서 손꼽히는 럭셔리 호텔로 예술가나 왕족들이 애용하는 곳인데, 그가 사용하던 방은 샤넬 스위트로 불린다. 암보스문도스호텔은 호텔 애호가였던 헤밍웨이가 장기투숙한 곳으로, 여기서 『누구를 위하여 종은 울리나』의 초반부를 집필했다고 한다. 그의 타자기와 유품들이 남아 있어 많은 관광객들이 이곳을 찾는다.

파리의 보나파르트길도 알쏭달쏭스런 유명인들의 이야깃거리와 흔적이 넘치는 곳이다. 5번지는 화가 에두아르 마네의 집터로 국가 기념물이다. 42번지에는 사르트르와 시몬 드 보부아르가 함께 살던 집이 있고, 근처의 아파트 옥탑방은 『북회귀선』의 저자 헨리 밀러와 그의 정부였던 아나이스 닌이 밀회를 즐기던 공간으로 알려져 있다.

한동안 영국에 머물 때 들렀던 도시 바스에는 영국인이 사랑하는 작가 제인 오스틴이 살던 집과 단골 레스토랑 등이 있다. 사치스런 귀족 문화의 전통이 남아 있는 아름다운 도시에서 그들의 기세에 눌리지 않는 자존심 강한 여주인공이 등장하는 소설들을 집필했던 시골 출신 여성 작가의 마음을 상상하게 된다. 바스는 영화 「레미제라블」에서 자베르 경감이 자살로 생을 마감하는 장면을 촬영한 곳이기도 하다. 원작의 배경인 파리의 센강이 아닌 이곳을 선택한 이유 역시 고색창연한 풀터니 다리와 에이번강의 정취를 보면 납득이 된다.

스코틀랜드의 수도 에든버러에서 들렀던 카페 '앨리펀트 하우스'는 『해리 포터』의 저자 조앤 롤링의 단골집이자 첫 번째 작품인 『해리포터와 마법사의 돌』이 탄생한 곳으로 알려져 늘 북적인다. 전 세계인의 관광지인 런던에서도 『해리 포터』와 관련된 공간은 항상 인기가 많고, 영화 「노팅 힐」의 주인공이 살던 집과 책방, 시장 골목도 주말엔 관광 인파가 몰려 걸음을 떼기가 힘들다. 비틀즈 멤버가 나란히 건널목을 건너는 자켓 앨범을 찍었던 애비로드나 실제 인물보다 더 유명한 셜록 홈즈의 집 같은 곳들도 자주 붐비는 곳이다.

유럽이든 남미든 에든버러든 파리든 이 모든 장소의 공통점은 하나다. 예술품과 이야깃거리가 풍부한 곳이라는 점이다. 전 세계 어디든 사람 사는 곳에는 이야기와 역사가 있지만, 누가 더 잘 보존하고 흥미롭게 전달하는가의 차이가 도시의 매력을 좌우한다. 웅장하고 고급스런 중동의 7성급 호텔들도 있고, 화려하고 세련된 아시아의 쇼핑몰이나 늘 신상품을 내놓는 미국의 세계적인 프랜차이즈 카페도 있지만, 더 많은 이들이 소도시의 다소 낡은 호텔방과 뒷골목의 작은 카페에서 변치 않는 무언가를 향수하며 낭만과 여유를 찾는 이유다.

사람들은 편리하고 새로운 것 이상으로 오래되고 손때 묻은 것들을 좋아하고, 불꽃처럼 살다 간 이들의 흔적이나 그들이 남긴 작품들도 사랑한다. 넘치게 부유했던 사람이든 죽도록 가난했던 사람이든 도덕적으로 비난받거나 오만했던 유명인이든 존경받을 만한 인품을 가진 위인이든, 오랜 시간 시공간을 초월해 살아 숨 쉬는 이들은 그들의 인생과 작품과 공과를 기억하는 이들의 노력으로 불멸하며 전수된다.

중요한 것은 이토록 강력한 이야기의 힘이 유명인들의 특별한 삶에만 적용되는 것은 아니라는 점이다. 별다른 존재감 없이 지구별에 기거하다 쓸쓸하게 사라져간 범부들의 삶도 기억하는 이들만 있다면 시공간을 초월해 새롭게 거듭난다. 사람들은 나와 다른 세계에서 살다간 이들의 남다른 인생을 선망하는 만큼, 언제라도 자신의 것이 될 수 있는 보편적 이야기들에도 관심을 기울이기 때문이다.

이야기의 힘

현대의 철학자와 예술가들에게 큰 영향을 끼친 제1·2차 세계대전과 나치의 만행을 다룬 작품들도 그렇다. 「쉰들러 리스트」 「인생은 아름다워」 「피아니스트」 등의 명작들에 이어 몇 년 전 오스카에서 주목받은 「조조 래빗」 「1917」까지, 평범한 사람들의 고난을 다룬 소재들은 반세기 이상 반복되면서도 늘 새로운 서사로 변주되며 인간에 대한 이해를 더해준다. 「스윗 프랑세즈」는 독일 장교와 사랑에 빠진 프랑스 여인의 고뇌를 다루며, 스스로 선택한 바 없는 집단의 갈등과 개인의 원초적 욕구가 충돌하는 지점을 절제된 감정으로 조명한다. 리츠호텔에서 나치 장교와 연인 생활을 했던 코코 샤넬의 삶을 떠올리게 된다.

샤넬은 프랑스의 자부심이자 여전히 전 국민의 사랑을 받고 있는 인물이지만 나치에 부역했다는 이유로 프랑스에 묻히지 못했다. 개인으로서의 존경과 역사적 과오를 냉철하게 구분하는 프랑

196

스인들의 사회의식을 보여준다.

「나의 마지막 수트」는 가족이 몰살당한 땅 '폴란드'란 단어를 평생 금기어로 삼고 기차 환승 중에도 단 한 뼘의 독일 땅도 밟지 않으려는 완고한 노인의 모습을 보여준다. 올해 개봉한 「존 오브 인터레스트」는 아우슈비츠 담장 너머에 살고 있는 나치 가족의 평화로운 일상을 통해, 지금까지와는 전혀 다른 각도에서 홀로코스트의 잔혹성을 보여주는 명작이다. 카메라는 단 한 명의 시신도 보여주지 않지만, 담장 하나 사이로 펼쳐지는 천국과 지옥의 대비를 통해 '악의 평범성'을 선명하게 드러낸다.

나치에 관한 스토리들은 입체적이며 현재적이다. 전쟁과 파시즘의 광기가 어느 미치광이의 난동이 불러온 과거의 비극이 아닌 오늘을 살아가는 모든 이의 삶과 무관하지 않음을 일깨우기 때문이다. 이러한 작품들은 가해자보다 비열한 피해자들의 배신이나 피해자보다 나은 가해자들의 인간적인 면모도 담담히 응시하지만, 그들의 범죄와 폭력을 정당화하거나 쉽게 화해를 시도하지 않는다. 인간적 이해를 하는 것과 행동에 대한 책임을 묻는 것은 다르기 때문이다. 전범 국가 독일이 가장 투철하게 인권과 법정신을 구현하는 나라가 된 데에는 이러한 '이야기들'이 미친 영향력도 클 것이다.

우리 사회는 어떤지 돌아본다. 일제강점기가 왜곡시킨 수많은 개인사와 집단 비극의 상흔이 동족상잔의 시기를 거치며 오늘날까지 이어지는 역사적 파장이 상당함에도, 친일적 극우와 민족주의의 갈등이 그칠 줄 모른다. 침략자보다 당한 우리가 열등하다는 식민사관을 설파하거나 애국심과 국수주의를 구분 못 하는 섣부른 균형감으로 화해를 논하는 지식인과 추종세력도 여전하다. 애국자로 둔갑한 친일 후예들이 대를 이어 정치·경제·언론 권력의 핵심에 있다 보니, 제대로 시작도 못 한 친일청산보다 이제 그만할 때가 되었다는 주장이 힘을 얻는다. 문명은 21세기인데 정신은 개화기다.

애국과 정의 같은 거대 담론만 존재하고, 마음과 생각을 움직일 수 있는 구체적인 인간의 이야기가 부족하기 때문이라고 느낀다. 민족 영웅과 악의 화신, 오로지 희생양으로서의 위안부만 등장하는 흑백의 근대사 이야기는 거칠고 둔탁한 사유를 만든다. 선악에 대한 극단적이고 단편적인 이해는 교과서 속의 변절자에게는 분노하면서도 나의 가족과 내가 지지하는 인물들은 그런 악마일 리가 없다거나 그럴 수밖에 없었다는 합리화로 귀결된다. 나치 당원이었던 아버지를 대신해 평생을 속죄하며 봉사했던 오드리 헵번과 같은 양심을 우리 사회에서 찾아보기 힘든 이유가 아닐까 싶다.

변화를 만드는 사람들

올해 영화 「파묘」가 많은 이들의 관심을 불러일으키며 빠른 시간에 관객몰이를 했다. 초자연적 세계를 다루는 오컬트 장르 속에 역사의식을 담고 있는 작품이다. 순수한 장르물의 재미를 기대한 이들은 억지로 끼워 맞춘 듯한 역사 이야기에 불편함을 드러내기도 하지만, 오히려 우리 사회를 떠도는 진짜 악령이 무엇인지를 다시 생각해보게 된다는 이들도 많았다. 그보다 조금 일찍 넷플릭스에 올라왔던 「경성크리처」도 작품의 완성도는 미흡하다는 평가를 받았지만 그동안 알려지지 않았던 731 생체실험 부대의 잔혹사와 실체를 알렸다는 점에서 의미를 부여하는 이들도 많다.

미국에서 활동하는 한국계 감독이 만든 드라마 「파친코」도 한동안 국내외에서 주목을 받았다. 일제강점기 한국을 떠난 재일교포들의 삶을 다룬 이야기로 『뉴욕타임스』 베스트셀러에 선정되었던 소설이 원작이다. 같은 시기 이민세대를 다룬 최양일 감독의 「피와 뼈」도 항일 영웅담의 뒤편, 시대의 그늘 속에서 괴물이 되어간 인간 군상들에 대한 잔혹한 리얼리즘이다.

배우이자 작가로 활동하는 차인표 씨의 소설 『언젠가 우리가 같은 별을 바라본다면』은 일본군 위안부 문제를 다룬 내용으로 올해 영국 옥스퍼드대 필수도서로 선정된 사실이 알려지며 화제가 되었다.

실제의 역사는 「파친코」와 「피와 뼈」, 「암살」과 「밀정」, 「여명의 눈동자」와 「우리 학교」 그 사이 어디쯤일 것이다. 다소 늦은 감은 있지만 이제야 조금씩 다양한 관점에서 역사적 시간을 살아낸 사

람들의 삶을 재조명하는 작업들이 이루어지고 있는 것 같아 다행
스럽다.

　오랜 시간 한국에서 활동하며 방송 출연을 자주 하는 일본인들
이 공통적으로 하는 얘기는 성장하며 단 한 번도 이런 역사를 배운
적이 없다는 것이다. 조상이 저지른 악행을 모르다 보니 한국영화
가 사실을 왜곡했다며 비판하는 일본인들이 많아서 출연한 배우
가 수모를 겪기도 한다. 그들의 교과서를 바꿀 수 없다면 다채로운
이야기를 통해 역사를 전달하고 알리는 수밖에 없다.

　역사의 공과를 설득하는 힘은 이념의 프레임으로 재단된 선악
의 서사보다는 개인의 소소한 선택들이 모여 변화하는 세상을 스
스로 응시하게 하는 것에 있다고 믿는다. 사람에 의한 상처로 미
쳐가던 왕의 마음을 되돌린 것은 거창한 국가관이나 남다른 이념
이나 종교가 아닌 셰에라자드가 천일 동안 들려준 『아라비안 나
이트』였다. 직접경험의 한계를 가진 인간이 타인과 세계를 이해하
는 유일한 방법은 살아 숨 쉬는 이야기를 통한 간접경험의 확대일
수밖에 없다. 국경 없는 OTT 서비스와 다양한 방식의 문화교류
를 통해 더욱 다채롭고 깊이 있는 시선의 작품들이 한국과 일본
그리고 전 세계에 전달되길 바라는 마음이다.

진짜 권력자들이 누리는 것

할리우드 배우들의 환경 메시지

"그것은 마치「아마겟돈」의 한 장면과 같았다"고 증언될 만큼 거대한 화마가 호주 대륙을 휩쓸던 시간. LA에서 열린 골든글로브상 시상식에서 영화「조커」로 남우주연상을 수상한 호아킨 피닉스는 남다른 수상 소감을 전했다.

"축산업과 기후 위기 문제의 관련성을 인정하고, 행사 식단을 모두 채식으로 준비해주신 할리우드외신기자협회(HFPA)에 감사드립니다. 또한 오늘 많은 분들이 호주 산불을 걱정하는데, 위기의식과 슬픔에 진심으로 공감한다면 행사를 위해 전용기를 타고 오는 행동은 하지 맙시다."

오랜 시간 채식운동을 해온 그는 직접 주최 측에 행사 식단을 제안했다고 한다. 환경운동가로 알려진 레오나르도 디카프리오도 2016년 그토록 오랜 시간 기다려온 아카데미 남우주연상을 수상할 때 자신을 위한 소감이 아닌 환경문제를 언급해 박수갈채를 받았다.

"영화 「레버넌트」를 통해 사람이 자연과 호흡하는 것을 담으려 했습니다. 촬영한 2015년은 지구온난화가 가장 심했던 해입니다. 전 세계의 지도자들이 인류에게 위협이 되는 환경오염을 일으키는 사람들에게 맞설 수 있도록 행동에 나서야 합니다."

당시 디카프리오의 자동차 3대는 모두 전기차이거나 하이브리드 기종이었고, 태양열을 이용한 전지를 사용하거나 가죽 등 동물성 소재를 사용하지 않는 에코 인테리어를 적용하고 있다고 알려졌다. 영화 「비치」 촬영 후 작품의 배경이 된 태국의 아름다운 섬이 관광객들로 인해 훼손되었다는 비난을 받으며 환경문제에 깊은 관심을 갖기 시작했다고 한다. 이후 디카프리오는 재단을 설립해 천문학적인 비용을 투자하며 환경보호 운동에 적극적인 행보를 보여왔다. 직접 각본과 내레이션까지 맡은 다큐멘터리 「11번째 시간」을 제작해 지구온난화의 심각성을 알리기도 했다. 이외에도 아마존 열대우림 복구, 야생 동물 및 멸종위기 동물 보존, 원주민들의 권리나 재생 가능 에너지 지원을 위한 다양한 캠페인, SNS 활동, 기부 활동 등을 계속하고 있다. 대량의 탄소를 배출하는 요트나 개인 비행기를 이용한다는 비판을 종종 받기도 하지만 셀러브리티가 아닌 에코브리티로 불리는 활동을 꾸준히 하는 중이다.

80세 중반이 넘은 배우 제인 폰다도 '금요일마다 체포되는 사람'으로 언론에 보도되곤 했다. 매주 금요일 워싱턴 D.C.의 의회 앞에서 기후위기 관련 시위를 열고 경찰에 잡혀가기를 반복하고 있어서다. "82세는 감옥 가기 딱 좋은 나이"라고 너스레를 떠는 그녀 곁에는 많은 유명인이 함께했다. 앞서 이야기한 호아킨 피닉스도 참석해 함께 체포되었다.

기후 위기 시대의 아이러니들

기후 위기의 심각성에 대한 경각심이 대두된 지 오래다. UN 농업기구의 축산업을 통한 기후변화 대응보고서(2013)와 IPCC(기후변화에 관한 정부 간 협의체)에 따르면 가축 사육은 기후 위기의 최대원인 중 하나다. 축산업의 탄소 배출량은 전 세계 모든 교통수단의 총 배출 비율보다 많으므로, 세계인이 10~15년 정도만 채식을 한다면 지구 평균온도를 다시 안정화할 수 있다고 한다. 평범한 소시민으로서 나름의 노력을 다하고 있다고 생각했지만 환경을 위한 일은 참으로 쉽지 않은 일임을 절감한다.

범람하는 일회용품이 무서워 배달음식이나 인터넷 쇼핑은 자제하고 가까운 매장이나 재래시장을 이용하려고 노력한다. 차도 없애고 대중교통만 이용한 지도 오래다. 내 돈 주고 묵는 여행지 숙소의 전기나 수도도 내 집처럼 아끼고, 며칠 묵을 때에는 수건과 시트를 매일 갈지 않으며, 세면도구도 반드시 챙겨가 숙소에서 제공하는 일회용품을 사용하지 않는다. 남은 음식은 최대한 포장해 오고, 내 몸 하나 가꾸고 안락하자고 하는 행위가 환경을 해칠 수 있다는 생각에 불필요한 소비보다는 중고 제품이나 재활용에 관심을 기울이고 있다.

그런데 이제 가끔씩 즐기는 식도락의 소소한 행복마저 포기할 때가 온 것일까. 나를 비롯한 시민들만 노력한들 달라지기는 할까. 게다가 모두가 절제하는 사회가 도래한다면 경제는 괜찮은 걸까. 내가 예상할 수 있는 범위를 넘어가는 전 지구적 문제 앞에서 마음만 답답해진다.

과학자들은 우리가 화석 연료에서 벗어나 재생 가능한 에너지로 바꾸기 위한 행동을 취할 수 있는 시간이 10년도 남지 않았다고 경고한다. 불지옥이 된 호주는 2016년 비영리 단체들로부터 이산화탄소와 온실가스 배출량이 가장 큰 '기후 악당 4개국' 중 한 곳으로 지목되었고, 『뉴욕 타임스』는 "지금 호주는 기후자살을 하고 있다"는 기고문을 실었다. 인과응보라는 것인데, 남의 이야기 같지만 한국 역시 기후 악당국 중 하나로 지목되고 있다.

기후문제가 특히 안타까운 것은 기온 상승으로 인해 고위도의 일부 선진국들은 적정 온도대에 진입하며 당장은 경제적 이득을 얻는 반면, 저위도의 저개발국들은 더욱 빈곤에 빠질 수 있다는 예측 때문이다. 결국은 공멸로 가는 과정이겠지만, 환경 파괴의 주범들보다 피해자들이 고통을 먼저 치러야 하는 아이러니에 죄책감이 든다.

코로나19로 온 세계가 활동을 멈춘 지 불과 2~3개월 만에 일어났던 변화들이 떠오른다. 매연에 묻혔던 히말라야가 조심스럽게 자태를 드러냈고, 멸종 위기의 거북이들이 부화했다는 소식이 들려왔다. 인간의 탐욕으로 황폐해진 암회색의 지구에 빛이 깃들며 대자연의 초록이 서서히 드러나는 SF 영화 같은 장면이 현실로 다가온 것이다. 일상과 환경의 소중함을 새삼 절감하며, 인간이 자연에 저지른 만행에 대한 성찰과 반성이 무성했다.

시작도 끝도 자연일 뿐이다

그토록 자만하는 문화와 문명이 그저 자연의 변주이거나 표절 혹은 적응일 뿐임을 깨닫는다. 정치·경제·사회 시스템이라 부르는 것들은 식량을 안전하게 획득·분배하는 방법론에 불과하다. 종교와 의술은 죽음과 질병, 고립의 두려움을 대면하거나 위로하는 방편이고, 교양은 무리를 확장·유지하는 기술일 뿐이다. 예술과 철학은 어떤가. 볕 좋은 곳에서 인상파가 태동하고, 숲이 가까우면 자연주의가 움트고, 일조량이 적은 음울한 곳에선 사색이 깊어진다. 인간은 스스로 자연을 극복하고 위대한 세계를 건설했다고 믿지만 부처님 손바닥 위의 손오공처럼 단 한 걸음도 자연에서 벗어난 적이 없다. 천문과 지리를 이해하지 못하는 지식과 상식이 사상누각일 수밖에 없는 이유다.

칼 세이건은 저서 『코스모스』에서 "수많은 국기엔 해와 달과 별이 있다"고 말한다. 자연을 두려워하며 점성술이나 신비주의에 기대어 살던 시대를 지난 지금도 여전히 인간은 우주와 연결되기를 원한다는 것이다. 별이 50개나 있는 미국 국기 외에도 중국, 이스라엘 등 국기에 별이 그려진 나라는 대단히 많다. 이슬람권은 마호메트의 전설과 관련된 달과 별이 함께하는 월성기가 많고, 뉴질랜드와 파푸아뉴기니 등 남태평양 나라들의 국기에는 남십자성이 자주 등장한다. 대한민국과 인도는 우주 원리를 상징하는 태극과 법륜 문양을 사용하고, 브라질 국기엔 천구가, 대만과 일본의 국기에는 태양이 있다.

천문학자인 세이건은 우주의 별들만 이야기했지만, '모든 국기엔 자연물이 있다'는 표현이 더 맞을 것 같다. 푸른색은 하늘이나 바다를, 노란색은 태양과 풍요로운 곡식을 상징한다. 초록이나 붉은색, 검은색, 흰색 역시 자연과 사람, 광물 자원 등을 상징하는 경우가 대다수다. 구체적인 형태가 있는 경우도 있는데 용, 사자, 새 같은 동물이나 단풍, 삼나무, 보리수, 올리브 등 식물인 경우가 많다. 때로 자유, 박애, 평등 같은 추상적인 가치도 담겨 있지만, 그러한 추상적인 가치도 공평한 자원의 나눔과 더 안전한 공간에 대한 욕구라고 할 수 있다. 모든 국기는 우주·자연과 인간의 공생에 대한 염원을 담고 있는 것이다.

그렇다면 이토록 소중한 지구의 환경과 대자연을 앞장서서 파괴해온 선진국들이나 권력자와 재력가들이 궁극적으로 원하는 것은 무엇일까. 우습게도 그들이 누리고자 하는 것도 다시 자연이다. 지중해의 바닷가나 카리브해의 고요한 섬 등 일출과 일몰이 아름다운 곳에 멋드러진 주택을 짓고 청정한 공기를 음미하는 것, 세련된 요트를 타고 광활한 바다를 달리면서 더 싱싱한 음식을 즐기는 것이다. 국민에게 격리를 호소하면서 자신들은 코로나19를 피해 자연 속 별장이나 리조트에 은거한 이들은 트럼프 일가만이 아니었다. 모두가 누려야 할 자연을 파괴하고 빼앗아 소수를 위한 프라이빗한 자연으로 독점하는 아이러니가 벌어지는 곳이 지구다. 한때 서울에서 가장 훌륭한 녹지가 용산 미군 기지였던 것도 권력과 자연의 친밀성을 보여주는 사례다.

멸망은 공평할 것이다

영화 「기생충」은 무심히 내리는 비가 누군가에겐 낭만이지만 누군가에겐 재앙이며, 하늘에 떠 있는 태양조차 누릴 수 없는 이들이 있다는 것을 보여준다. 권력이란 더 많은 자연의 혜택을 누릴 수 있는 힘이고, 약자들일수록 자연과 멀어진다는 것을 효과적으로 풍자한 작품이다. 그러나 영화의 결말은 서로 다른 계층이라 해도 결국 한 공간에서 공생하는 지구인이며, 파국의 시작은 서민이더라도 멸망은 공평하다는 냉혹한 현실을 직설적으로 전달한다.

자연의 역습이었던 코로나바이러스는 IT강국인 대한민국에게는 다소 너그러웠지만, 동시에 기반 시설이 파괴되는 기후재난 앞에선 가장 위험해질 수 있음을 경고한다. 잠시 운이 좋았을 뿐 언제까지나 함께하는 행운은 없다. 어린 시절부터 기후위기의 심각성을 느끼고 환경 운동가로 활동해온 스웨덴의 그레타 툰베리는 "우리 집이 불타고 있어요"라는 표현으로 지구의 다급한 현실을 알리기 위해 노력해왔다. 태어난 후 가장 무더운 가을을 겪고 있는 이 시간, 그녀의 목소리가 더욱 절박하게 느껴진다. 집이 불타면 집 바깥으로 나갈 수 있지만 불타는 지구에서 뛰어내릴 곳은 없다. 당신이 재벌이든 팍스 아메리카나의 대통령이든.

4

나를 이해하는 시간

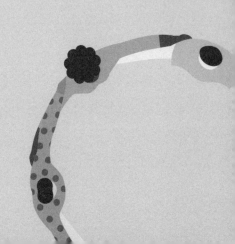

사주와 MBTI가 궁금하신가요

사람들은 왜 사주를 볼까

기업에 근무할 때 내 또래의 협력사 대표 중에 무속에 깊이 빠진 분이 계셨다. 회의하러 오는 길에도 단골 점집에 들르는 경우가 많아서, 가서 뭘 의논하시냐고 물었다. 이사할 때 손 없는 날 같은 것은 기본이고 새로 구입할 차 색깔부터 진행하는 일들의 향방과 성사 여부까지도 묻고 의논한다는 대답이 돌아왔다. 거기서 업무나 기획서 컨펌도 받으시면 어떻겠냐고 농담하며 웃었지만, 젊은 나이에 그렇게까지 무속에 의지하는 삶이 다소 놀랍긴 했다.

살다보면 불안하고 미래가 보이지 않는 시기가 있고, 예상치 못한 흉사나 애사로 내 삶은 왜 이런가 하는 근원적 질문을 던지게도 된다. 이럴 때 많은 사람들은 사주나 점성술 같은 운명론에 기대어 이 시기만 지나면 좋아질 것이라는 위로를 받게 되는 터라, 상담하는 분들은 농담처럼 자신들의 가장 강력한 경쟁자는 무속인들이라고도 한다. 깊은 불안이나 심리적 문제라면 전문적인 상담가를 만나 장기적인 도움을 받는 것이 현명하겠지만, 일상에서 종종 자기위안이 필요할 때는 가벼운 점술 등이 단기간의 힐링 효과도 있기에 충분히 이해할 수 있는 선택이라고 생각된다. 무엇이든 정도의 문제다.

역술을 무조건 미신이라고 생각하는 이들도 있지만, 수천 년에 걸쳐 집대성된 역학의 근본정신은 "기쁨도 슬픔도 결국 모두 지나가리라"는 고대 솔로몬왕의 가치관과 닮아 있다. 지금 양지에 있다고 계속 잘나가는 것이 아니니 늘 자중하고 겸손해야 한다는 것이며, 반대로 음지에 있어도 언젠가는 볕들 날이 있으니 지나치게 낙망하지 말고 하늘의 뜻을 기다리라는 것이다. 역술의 모든 것은 '상호관계성의 문제'임을 설파한 석가모니의 통찰이나 현대 철학자들의 인식과도 맞닿아 있고, 모든 것은 변한다는 '진화론적 과학관'과도 연결되어 있다.

역학에서는 화수목금토 오행이 각 2개씩 10개가 만나야 완벽한 운명이 되는데, 모든 인간은 팔자, 즉 8개의 오행만 가질 수 있다는 사실도 심오하다. 완벽한 인간은 없다는 의미라서다. 팔자 안에 자리하는 오행의 조합이 관계와 시절 인연에 따라 흥하거나 쇠할 뿐 고정된 것이 아니라는 개념은, 지금 이 시간의 희비와 강약과 귀천은 우주적 시간으로 본다면 모두 찰나일 뿐이고 객관적으로 더 나은 존재도 없으며 모두 평등하다는 뜻이기도 하다. 각자의 성향과 특질은 무엇에게는 이길 수 있지만 무엇에게는 질 수 있는 가위바위보의 관계와 같다. 그러니 승패를 속단하지 말고 서로 화합하며 상생해야 한다는 역학의 정신은 놀라운 지혜라고 생각된다. 조선시대를 낮은 성리학, 밤은 명리학의 시대라고 했던 이유도 이해가 간다.

사주풀이의 경우의 수는 약 51만 가지가 된다고 하는데, 단순히 계산하면 우리나라에만도 같은 사주가 100명 정도는 있다는 이야기다. 이들의 인생이 모두 같은지 궁금증을 가질 수밖에 없는데, 당연히 그럴 리가 없다. 사주가 관계성의 학문이라는 점에서 보면 같은 사주라 해도 각자의 가족과 주변인의 사주에 영향을 받게 되니, 완전히 같은 운명인 사람이 있을 가능성은 제로에 가깝다. 같은 날 같은 시에 태어난 쌍둥이도 각자 만나는 다른 인연과 다른 선택, 다른 경험이 누적되며 전혀 다른 인생을 사는 것만 보아도 알 수 있는 사실이다. 남편 복 없는 여자가 자식 복이 없는 것은 박복하게 태어나서가 아니라 자식이 남편을 보고 배워서인 것이고, 늘 나쁜 여자만 만나는 남자는 자신의 사람 보는 눈이 아직 성숙하지 않아서일 확률이 높다.

나만 미워하는 운명의 신을 원망하기보다 자신이 반복하고 있는 실수를 점검하는 것이 변화에 도움이 된다. 예비된 운명을 믿든 안 믿든, 동서고금의 모든 현자들이 깨달은 진리는 크게 다르지 않아 보인다. 서로 측은지심을 갖고 사랑하라, 자신이 싫은 것은 남에게도 하지 마라, 무엇보다 자신의 삶은 자신의 행위들로 인해 결정된다는 것이다.

수많은 인생 드라마가 한 치 앞도 모르는 삶의 이야기들을 들려주고 실제로 누구나 그런 순간들이 있지만, 대개의 인생은 그리 드라마틱하지 않은 것 같다. 과거의 내 행동과 환경이 지금의 내 삶을 만들었고, 지금의 내 행동과 환경이 미래를 결정하는 핵심요소다. 오늘과 일주일 후의 삶이 크게 다르지 않듯이 그 일주일이 누적된 1년이나 10년 후의 삶도 대개는 비슷하다. 직업이 바뀌고 삶의 공간과 곁에 있는 이들이 바뀔 수는 있지만, 살아가는 틀과 행태는 유사하기 때문이다.

전쟁과 사회적 재난 같은 변수는 통제가 어렵지만 그 또한 상당수는 사회구성원들의 인식과 행동이 누적된 결과다. 인생의 합은 우연보다 통계에 가깝고, 변화나 몰락도 절벽보다 능선에 가깝다. 행운 역시 운명처럼 날아드는 유성보다는 실력과 선한 업이 차곡차곡 누적된 지질층에서 캐낼 수 있는 보석에 가깝다. 여기서 실력이란 시험 점수나 사회적 지위가 아니라 자신과 타인에 대한 이해를 통해 삶의 변수를 더 잘 제어하는 능력이다. 종교나 학문이 이러한 인식의 폭을 넓히는 촉매제로 기능하기보다는, 나의 경쟁자에겐 불벼락을 내리고 나만 편애하기를 바라는 초자연적 존재에 대한 기복신앙으로 흘러가는 세태가 안타까운 이유다.

더구나 역학이 주는 중요한 삶의 지혜는 간과되고 일상이 통째로 타인에게 종속되는 것은 본질이 심각하게 왜곡된 모습이기도

하다. 새로 태어날 아이에게 좋은 사주를 주기 위해 출산을 미루
다가 사산을 한 이야기나, 과도한 굿값으로 가세가 기울게 되었다
는 뉴스 앞에서는 당혹감이 앞선다.

미신을 믿는 이유

하지만 이런 나의 생각과 달리 여전히 세상은 미신으로 가득 차
있는 것 같다. 평소 합리적인 친구가 B형 남자에 대한 선입견을 말
해서 뜻밖이었던 적도 있다. 대개의 경우 이런 믿음은 우연의 누
적을 통해 강화되는 듯하다. 오랜 시간 만나온 내 절친들은 나를
비롯해 대다수가 같은 혈액형이라 우연치곤 신기하다고 여겼는
데, 예외적으로 다른 혈액형으로 알고 있던 한 친구마저 어느 날
자기도 같은 혈액형이라고 해서 더욱 놀란 적이 있다.

작년 겨울에는 엄마와 함께 외출하며 탔던 친절한 택시를 귀가
하며 다시 만났다. 마침 그날은 크리스마스였기에 더욱 기적처럼
느껴졌다. 이런 우연들이 겹치다보면 자신도 모르게 특정한 믿음
에 빠져들게 될 것도 같다. 하지만 세상엔 늘 불가능할 듯한 확률
의 일들이 어디에선가 일어나고 있다는 것도 생각할 필요가 있다.

인간의 유형에 대한 믿음도 조금만 정교하게 실험·검증한다면
매우 허술한 환상임이 곧 드러나는 것들이 많다. 누군가의 혈액형
을 들었을 땐 '내 그럴 줄 알았다'는 확신이 들 수 있겠지만, 반대
로 혈액형을 맞춰보라고 하면 본인이 생각하는 만큼 정확도가 높

지 않을 것이다. 또한 누군가 A형이라 하면, '역시 그럴 줄 알았다'는 느낌이 들다가도 사실은 B형이라고 하면 '역시 뭔가 이상했다'는 생각이 들기도 할 것이다.

대부분의 점술이나 가벼운 유형검사는 이런 심리를 바탕으로 한다. 심리학에서는 이를 '바넘효과'라 하는데, 모두에게 적용 가능한 모호한 묘사를 자신의 것으로 받아들이고픈 심리를 말한다.

MBTI 이해하기

혈액형 성격론이 지나가고 언젠가부터는 MBTI가 대세다. 아르바이트를 하거나 구직 경험이 있는 젊은 층 1,444명을 대상으로 했던 2022년의 조사에서도 약 97퍼센트가 MBTI 테스트 경험이 있다는 응답을 했을 정도다. 심지어 취업 현장에서도 MBTI 유형을 묻고, 한 카페 구인광고는 가능한 외향성인 E형을 선호한다는 내용과 함께 특정 유형의 사람들은 사절한다고 적었다 한다. 서비스업에서 외향적이고 사교성 높은 직원을 선호하는 것은 당연한 일이지만, 문제는 실제상황에서 MBTI가 더 나은 능력과 행동을 보여줄지를 판단할 만한 근거가 되지 못한다는 점이다. 방송에서는 늘 웃기고 활발한 개그맨 중에 의외로 평소엔 집에만 있는다거나 가족에겐 과묵한 내향형도 많고, 반대로 조용하고 내성적인 듯한데 많은 사람과 좋은 관계를 맺고 있는 이들도 많기 때문이다.

또한 네 가지 척도의 극단에 위치해 늘 일관적인 성향을 보이는 사람도 있지만, 척도의 중간쯤에서 양향성을 보이거나 상황마다 유연하게 대처하는 이들도 있다. 뛰어난 연기자들 중에도 늘 자기 색이 분명한 개성파 배우가 있는가 하면, 역할마다 전혀 다른 사람처럼 변신하는 팔색조 배우가 있는 것과 같다.

나의 경우에도 MBTI 검사 문항들을 볼 때마다 고민하게 되는데, 상황과 사람마다 대응이 다른 유형에 가까워서다. 활발한 사람들을 만나 함께 수다를 떨 때도 있지만 때에 따라선 듣고 리액션 해주는 쪽을 택하고, 조용한 사람들을 만나면 먼저 말을 걸거나 분위기를 띄우기도 한다. J형이나 P형을 구분하는 흔한 질문 중 하나인 여행할 때 계획을 세우는 편이냐는 물음도 마찬가지다. 엑셀 프로그램을 동원해 동선과 세부적인 비용까지 계획할 때도 있지만, 아무 계획 없이 자유롭게 다닐 때도 많다. "너 T야?"라는 유행어는 같은 사안에 감정적 반응을 먼저 보이는 사람과 이성적인 대응을 주로 하는 사람을 구분하는 질문인데, 이 또한 그때그때 다르다.

대학 시절부터 알면서 가벼운 일상을 나누던 공대생 선배가 정신과 의사인 다른 선배와 진지하게 전공지식을 나누는 나를 보며, 자신이 알던 사람이 아닌 것 같아 놀랐다고 한 적이 있다. SNS에서 활동하는 나를 본 오랜 지인들도 지금까지 몰랐던 모습을 알게 되었다고도 한다. 마찬가지로 SNS에서만 나를 접한 사람들은 오프라인에서의 내 모습을 생소하게 여길 수도 있을 것이다.

상대의 성향이나 관계성, 상황에 따라 다르게 대하다 보면 같은 사람도 전혀 다르게 해석되거나 기억될 수 있고 그 편차도 클 수 있다. 특정 유형으로 보이는 사람은 오직 자신의 시선에서만 그러한 유형으로 보일 수 있다는 이야기다. 대개의 가벼운 성격유형 검사는 사람을 이해하기 위한 임의적인 도구일 뿐 완벽한 인간 매뉴얼이 아님을 이해해야 한다.

검사결과에 대한 지나친 과신은 마치 역학의 깊은 의미를 이해하기보다 기복신앙에 매달리는 사람들처럼, 검사가 가진 본래의 의미를 퇴색시키고 사람에 대한 이해를 거칠고 납작하게 만들 수 있다. T와 F의 특징을 차갑고 이성적인 유형과 따뜻하고 공감적인 유형으로 단순히 구분하는 방식도 그렇다. 올바른 공감 능력을 포함하지 않은 이성은 이성적이라 할 수 없고, 올바른 사고 능력이 배제된 감성 또한 자칫 신파적 감정에 머무르기 쉽다. 내집단과 외집단에 대한 공감의 편차나 영역도 중요하다는 것이다. 같은 이슈에 대해 사실과 논리 위주로 접근할 수도 있고 정서적 반응이 우선할 수도 있지만, 중요한 것은 표현의 방식과 상관없이 이성과 감성을 동시에 적절한 수위로 작동시키며 입체적으로 접근할 수 있는지의 문제다. 사고형으로 보여도 내면은 더 예민하고 감수성이 풍부한 사람이 있고, 감성적으로 보이지만 사실판단 능력도 예리한 사람도 있다. 표현의 방식과 합리적 사고 및 감수성 수준은 다른 문제인 것이다.

성장이란 유연해지는 것

인지심리학자인 아주대 김경일 교수는 나이가 들고 경력이 쌓여가며 상황에 따라 적절한 대응을 할 수 있게 되는 것이 바로 사회적 능력이 축적되는 것이라고 주장한다. 개성은 좋지만 타인을 배려하지 않고 자신의 기질과 기호만을 고집하는 것은 유아와 다를 바가 없다는 것이다. 나와 다른 사람들과도 화합할 수 있게 되는 것이 성숙이고 성장이라는 의미이기도 하다. 미국 컬럼비아대학의 심리학 교수이자 메타인지 전문가인 리사 손 역시 지나친 MBTI 과신은 자신이 가진 다양한 가능성을 스스로 제한하는 행위라고 제언한다.

나의 경우도 신입 시절의 성격검사 결과와 퇴직 무렵인 20년쯤 후의 결과가 꽤 달랐다. 젊은 시절엔 결과중심적이고 자기주도적인 특성이 강했던 것에 반해 퇴직 무렵엔 그런 특성이 줄어들었다. 오랜 사회생활과 관리 직무를 거치며 사람과 과정 중심의 고민을 더욱 많이 하게 되어 변화했을 것이다.

전문가들은 지능과 기질의 특성이 비슷하다고 얘기한다. 타고난 지능은 변화하지 않지만 노력에 따라 학력이나 지식을 키워나갈 수 있는 것처럼, 타고난 성정이나 기질도 쉽게 변하지는 않지만 노력에 따라 사회적 강점으로 성장시킬 수 있다는 것이다. 아직 정체성이 자리 잡지 않은 나이엔 이런 유형검사에 기대어 자신을 찾아가는 과정도 필요하다. 그러나 성장하면서는 검사결과를 벗어나 타인과의 관계에 얼마나 더 유연하게 대처하고 세상의 다양성을 수용할 수 있는 사람이 되어가는가에 초점을 맞추는 것이 바람직하지 않을까 싶다.

깊이 있을수록 섬세하다

오랜 옛날부터 인간은 자신과 타인의 같음과 다름에 대해 탐구했고 이를 체계화하려는 노력을 해왔다. 동양의 사상의학은 태양인, 소양인, 태음인, 소음인으로 구분해 인간의 체질과 기질을 논했고, 고대 그리스에서는 다혈질, 점액질, 우울질, 담즙질로 나누는 4체액설이 유행했다. 사상의학이 8체질로 분화되고 칼 융의 8가지 성격유형이 분화되어 MBTI로 발전했으며, 에니어그램, 에고그램, 홀랜드 검사를 포함한 다양한 성격검사 도구들도 유행을 타며 활용되어 왔다. 척도는 다르지만 일반적으로 이해가 쉬운 틀로 전달하고 있는 것인데, 좀 더 전문적으로 분석하기 위해서라면 수백 가지 문항을 통한 정교한 검사도구를 사용하는 것이 좋다.

어느 분야든 전문적이고 깊이가 있을수록 쉽게 단순화하지 않으며 섬세하고 조심스럽게 접근한다. 이는 마치 색채 전문가가 보는 색상의 세계가 일반인이 보는 세상보다 훨씬 다채롭고, 운동 전문가가 인지하고 조절할 수 있는 신체 근육이 훨씬 다양한 것과 같다.

예민함에 대한 오해와 이해

예민함은 고성능 센서다

국내 유명 대학병원 의사가 만든 '예민함 테스트'가 온라인에서 한동안 화제였다. 외부 자극에 얼마나 민감하게 반응하는지를 평가하는 약 30가지 항목을 체크한 사람들이 자신의 예민도가 생각보다 높게 나왔다거나 예민함보다는 우울·불안증 테스트에 가까워 보인다거나 하며 수다꽃을 피우는 모습이 재미있었다.

정확성과 상관없이 성격테스트는 늘 유행처럼 돌고 도는데, 대부분은 자신에게 좋은 방향으로 해석하는 모습을 보인다. 예민함이 높게 나오면 자신이 섬세하거나 예리하다고 믿고 싶고, 낮게 나오면 까탈스럽지 않고 온화한 성격이라고 믿고 싶은 것이 사람 마음이다.

난 오랜 시간 가족 중 내가 가장 예민한 기질이라고 생각해왔다. 큰소리를 내거나 부딪히는 일이 거의 없는 구성원들 중에서 가끔이나마 파장을 일으켰기 때문인데, 어느 날 올케에게서 늘 무던하고 원만하다고 느꼈던 남동생이 예민하고 섬세하다는 말을 듣게 되었다. 예민함도 상대적인 것이고 올케가 바라보는 기준이 나와 다를 수도 있겠지만, 문득 원가족이었음에도 동생의 특징을 간과했던 이유를 생각하는 계기가 되었다. 나의 예민함은 나의 세계에 국한되어 있었지만 다른 가족들은 서로의 상황까지 살폈던 것이 아닐까. 자신의 감정과 생각에만 몰입해 정작 주위를 배려하고 이해하는 마음에 가장 둔감했던 사람이 오히려 나였던 것은 아닐까 싶었다.

좋은 의미의 섬세함에서 다소 부정적 의미인 까탈스러움까지를 포함하는 '예민함'이란 모든 진화적 특성이 그렇듯 좋은 것도 나쁜 것도 아닌 가치중립적인 특성이다. 어떤 상황에서 어떻게 어느 정도로 발현되느냐가 문제일 뿐, 존재하는 모든 생명체는 어느 정도 가지고 있는 생존 필수요소이기도 하다. 이를 어떻게 활용하고 제어하며 발전시키는지가 삶을 건강하게 만드는 열쇠인데, 쉬운 일은 아니다.

유난히 우울감이나 불행감을 느끼는 사람들 중 일부는 선천적 기질도 있지만 자신의 예민함을 남다름이나 천재성으로 이해받고 싶은 욕구에 갇혀 있는 경우도 있다. 타인의 삶은 피상적으로 바라보는 반면 자신의 상황과 감정과 생각엔 너무 많은 의미를 부여하다 보니 대인관계의 균형이 깨지고 건너기 힘든 협곡이 만들어지기도 한다. 또한 눈치가 빠르고 상황파악도 잘하는 사람이지만 공적 문제의 예방이나 해결보다는 자신의 안위만을 위한 처세에 능력을 사용할 수도 있다. 그런 면에서 배려는 타고난 예민함을 타인의 처지를 살피고 보듬는 방향으로 사용한다는 점에서 가장 성숙하고 긍정적인 마음가짐이자 태도라고 할 수 있다.

타고난 예민함을 좋은 방향으로 사용하는 사람은 충돌방지 센서를 장착한 고급 자동차와 비슷하다. 돌발적인 외부요인이나 위험요소에 더 신속하고 유연하게 대처할 수 있기 때문이다. 살아가며 만나는 무수한 예측불가의 상황에서 타인의 결함과 부족함만을 속속들이 파악해 비판하는 사람과, 다수의 입장과 상호작용까지 읽어내 갈등을 미리 예방하고 화합과 균형을 유지하는 사람 중 누가 더 고성능 센서를 가진 사람일까. 최상의 예민함이란 위험을 사전에 감지하는 능력이자 상호 평화를 도모하는 능력이고, 이를 위해 진화한 기능이 아닐까 싶다.

사랑에 예민함이 필요한 이유

백성들이 왕이 있는지조차 몰랐다는 요순시대를 통치의 모범으로 꼽는 이유는 요임금과 순임금의 성격이 마냥 선량하고 태평했기 때문만은 아니다. 오히려 국민의 일상이 평안해 정치를 의식조차 못 할 만큼 문제요소를 사전에 제거하는 예민함과 섬세하고 폭넓은 보살핌이 있었기에 가능했다. 심리학자들은 특정 분야의 예민성은 재능과 관련이 있다고도 이야기한다. 청각에 민감해야 음악을 할 수 있고, 미각에 까다로워야 요리사가 될 수 있는 것과 같다. 같은 이유로 늘 도통한 듯 세상을 굽어보고 방관하는 태도를 가진 이를 균형 있는 지성인이라 하기 어렵고, 소외된 음지의 사람살이까지 살피는 눈이 없는 이는 좋은 정치가나 리더의 자질이 없다고 할 수 있다.

이렇게 사랑하고 배려하는 행위는 따뜻한 마음만으로 할 수 있는 것이 아님을 새삼 깨닫게 한 것이 최근 개봉한 일본 영화「괴물」이다. 영화는 싱글맘과 함께 사는 초등학생 소년의 이상 행동과 그 배경에 존재하는 문제를 엄마, 교사, 아이 모두의 시선으로 보여주며 숨은 괴물이 누구인지를 찾아간다. 동일한 상황에서 각인각색의 입장 차이를 보여주는 명작 라쇼몽의 형식으로, 급우 간의 왕따 문제와 아이의 속마음, 교사의 학대와 학교의 속사정, 부모의 입장이 모두 동상이몽임을 보여준다. 부모나 교사 모두 최선을 다해 아이들을 사랑하고 배려하고 있다고 생각하지만, 정작 그 대상이 되는 아이들의 마음엔 한 발짝도 다가가지 못하고 오히려 상처를 주며 황폐한 세계를 만들어가는 모습을 보이기 때문이다.

우리가 사랑이라고 믿는 것, 배려라고 행하는 것들 모두 상대가 원하는 것을 정확히 이해하는 사람만이 할 수 있다는 것. 또한 괴물이라고 믿는 존재는 외부의 사악한 악당이 아니라, 상황을 제대로 이해하지 못하거나 헤아림이 부족한 자신일 수 있다는 것을 깨닫게 한다. 우리 사회에서도 점차 심각해지는 학교와 보호자들 간의 문제와도 맞닿아 있어서 더욱 의미 깊은 작품이다. 칸 영화제 각본상을 수상한 작품으로 섬세한 시선과 예리한 통찰이 돋보이는 수작이다.

실제로 조직관리나 인사관리 경험이 많은 리더나 현명한 부모들은 칭찬조차도 세심하게 대상의 특성을 보아가며 한다. 외향적이고 관심받는 것을 즐기는 이들은 많은 사람들 앞에서 칭찬해 더욱 의욕을 북돋아주고, 과도한 관심을 불편해하는 내향성 직원들은 조용히 따로 불러 자신감을 주는 방식을 사용하는 것이다. 이런 방법이 공식이라는 것이 아니고 고래도 춤추게 한다는 칭찬마저도 상대가 불편하지 않게 배려해야 한다는 의미다.

장성급의 상사가 부대를 방문해 낮은 직급의 군인을 칭찬하면서 "자네 상사가 늘 칭찬하더니 역시 사람 보는 눈이 있구만"이라는 말로 상사와 부하 모두를 행복하게 만들었다는 이야기를 들은 적이 있다. 하급자 칭찬으로 인한 상사의 불편함이나 질투의 여지를 없애는 동시에, 부하도 자신의 상사를 고마워하며 서로의 관계를 돈독하게 만드는 일석이조의 효과를 가져오는 방법이다. 세심하게 사람 관계를 살피는 현명한 분이었던 것 같다.

사랑의 표현이든 칭찬이든 대상의 기질이나 속마음, 처한 환경과 주변 관계들을 파악하지 못하면 예상치 못한 분란과 감정소모가 발생하기 쉽다. 연인의 성향을 모르고 공공장소에서 이벤트나 프러포즈를 해 당황하게 하거나, 특정인에 대한 편애를 드러내 오히려 주위의 질시를 받게 하는 경우도 이런 사례에 해당한다. 타인을 사랑하고 아끼는 것은 자신의 마음을 최대치로 표현하는 행위가 아니라, 타인의 취향과 마음과 상황을 최대로 헤아려 편안함을 선물하는 행위여야 한다.

무수한 성격 표현 단어들이 그렇듯이 '예민함'의 의미도 간단하지는 않다. 각자의 기준에 따라 상대적일 수 있고, 모든 일에 예민하거나 둔감한 사람도 있을 수 없다. 사람은 누구나 힘들고 불안할 때나 중요한 의미가 있는 일에는 민감하고 까다로워지고, 여유 있고 안정될 때는 너그러워진다. 평소와 달리 과민해진 모습을 느낀다면, 비난이나 자책을 하기 전에 상황과 원인을 들여다볼 필요가 있다.

어떠한 성격으로 보여지든 자신의 인생과 행복에 둔감한 존재는 없다. 함께 살아가는 세상에서 더 깊고 더 넓게 더 멀리 보며, 배려하는지조차 느낄 수 없을 만큼 배려와 자제를 실천하는 이들의 노력으로 우리의 삶이 지탱되고 있음을 자각하는 예민함이 필요하다.

결핍을 모르는 이들의 결핍

우울은 영혼을 잠식한다

몸도 마음도 건강하고 늘 에너지가 넘치는 오랜 친구가 있다. 연고주의가 팽배한 사회에서 별다른 학연과 인맥 없이 오로지 성실함으로 경제적 안정을 이룬 데다, 과도한 욕망이나 허영도 없고 가족도 살뜰히 챙긴다. 한길로 달리기보다는 샛길과 골목길에 흥미가 많은 나와는 참 다르지만, 달라서 잘 맞고 배울 점도 많은 사람이다.

그런 친구가 얼마 전 평소와 다르게 누군가에 대한 불편한 감정을 이야기했다. 즐기는 사교모임에 자주 오는 여성이 있는데, 늘 남들 신세만 지다 간다는 것이다. 평소 인색하거나 없는 사람을 무시하는 인격이 아니라 처음엔 함께 호응했지만, 듣다보니 궁금한 점이 있었다. 혹시 그에게 우울 증세가 있는지 묻자 그런 얘기를 들은 것 같다고 답했다. 모임에 열심히 나오기는 하지만 그리 즐기는 모습도 아니고 무력해 보일 때가 많다는 것이다.

"그 여성이 우울증이라면, 공짜로 얻어먹거나 분에 넘치는 생활을 위해서가 아니라 살고 싶어서 나오는 것일 수도 있다"고 친구에게 조심스럽게 얘기했다. 극심한 우울증은 슬퍼하거나 분노할 기력조차 없을 만큼 생의 에너지가 고갈된 상태라 일상적인 삶을 영위하는 것조차 어려울 수 있다는 것. 누구를 만나 무엇을 해도 즐겁지 않지만 고립되어 있다면 더 나빠질 수 있으니 조금 더 신중하게 지켜보는 것이 좋을 것 같다는 의견에 다행히 긴 세월 신뢰가 쌓인 친구는 귀 기울여 들어주었다.

오래전 나도 비슷한 고통을 겪은 적이 있다. 흔히 얘기하는 번아웃 시기였다. 오랜 직장생활에 지치고 조직의 벽에 부딪힌 것도 이유지만, 직위가 올라가며 남성들의 세계에 고립된 여성 관리자로서의 외로움이 견디기 힘들 만큼 커졌다. 당신의 나는 신입 여자 후배들에겐 어려운 상사의 위치였고, 이를 완충할 만한 여성 중간관리자도 없었으며, 같은 직급의 남성 동료들에겐 이방인이었다. 중간관리자라 할 만한 여성들이 없던 시기였다. 어느 날 갑자기 세상이 온통 무채색으로 보이게 되었던 그날을 선명하게 기억한다. 영화에서 감정이 존재하는 세계와 그 반대의 세계를 표현하기 위해 컬러 화면과 흑백 화면을 교차해 사용하는 경우가 있는데, 정확히 그런 색감이었다. 내 안의 모든 감정이 사라진 듯한 공허하고 황폐한 회색빛.

내가 살아 있음을 느끼게 하는 일 중 하나가 책으로 가득한 공

228

간에서 활자들을 마주하는 일이다. 오래 묵은 책장에서 풍기는 콤콤한 책 향기 속에서 형용할 수 없는 설렘과 무궁무진하게 확장되는 신비의 우주 속을 떠도는 듯한 행복감을 느끼는데, 어느 날 갑자기 그 책장들이 콘크리트 벽처럼 무미건조하게 다가왔다. 아무것도 읽고 싶지 않았고 무엇도 더 이상 흥미롭지 않았다. 좋아하던 방송 프로그램을 보거나 음악을 듣는 일도 즐겁지 않았다. 만사가 허무했고 더는 하고 싶은 것이 없었다.

심리학 용어에 '신체화'라는 것이 있다. 정신적인 고통이 신체적 증상으로 나타나는 것을 말한다. 통증이나 어지럼증, 메스꺼움 같은 증상으로 나타날 수도 있고 피로감이나 피부병 등으로 나타나기도 한다. 심각한 경우는 심장이 조여오는 증세나 마비 증상도 오는데 병원에 가도 정확한 이유를 찾기 어려운 경우가 많다고 한다. 나의 경우는 슬픈 음악을 들으면 마음이 아픈 만큼 피부와 살갗도 찢어지는 듯한 신체적 통증이 동반되었다. 이후로 오랜 시간 음악을 거의 듣지 않았고, 지금도 그 후유증으로 예전만큼 많이 듣지는 않는다.

가장 난감하고 스스로도 걱정됐던 것은 죽음에 대한 감각이었다. 우울이 매우 슬프고 비통한 감정일 것이라 생각하고 있었지만 그런 것이 아니었다. 우울은 감정이 완전히 메마르고 고갈되는 증상이다. 슬픔도 기쁨도 분노도 없이, 마치 말라서 부스러지기 직전의 낙엽이나 가뭄에 갈라진 논바닥 같은 상태라고 이해하는 것이

빠를 것이다. 슬픔이나 분노 같은 감정을 느끼는 것은 과하지만 않다면 오히려 정상적인 상태에 가깝다. 무언가를 느낀다는 것은 아직 감정의 에너지가 남아 있다는 뜻이다. 자동차로 말하면 가까운 주유소까지 갈 만한 연료는 남아 있는 상태인 것이다.

하지만 우울은 완전한 연소에 가까워서, 사람에 따라서는 옆에서 불러도 고개를 돌릴 기력도 없는 무생물에 가까운 모습이 되기도 한다. 우울증에 걸린 이들이 창밖으로 몸을 던지거나 손목을 긋는 것은 강렬한 비극적인 감정에 사로잡히기보다 오히려 아무런 감정도 느끼지 못하는 자아상실의 상태에 가깝기에 가능한 것이다.

우울을 가장 무서운 병이라고 부르는 이유를 이해할 수 있었다. 나도 언제든 큰 두려움 없이 죽음을 택할 수도 있다는 느낌이 들었기 때문이다. 다행히 나의 상태가 정상적이지 않다는 것을 인식해, 몇 달간 하루도 쉬지 않고 사람들을 만났다. 누구를 만나도 예전만큼 즐겁지 않았고 마음은 먼 곳에 있었지만 혼자 있으면 안 된다는 것은 판단할 수 있었다. 위험신호를 느낄 때는 엄마를 집에 모셔와서 함께 시간을 보냈다. 가족을 곁에 두고 극단적 선택을 하지는 않을 것 같아서였다. 사회생활은 유지했지만 고통스러운 시간이었다. 돌아보면 퇴근 후에도, 주말에도 안전하게 만날 수 있는 친구들이 있었던 것에 감사할 뿐이다.

배우 최진실 씨가 홀로 되신 엄마와 자녀들을 두고 죽음을 선택했을 때 어떤 이들은 참으로 독한 사람이라고, 자녀에 대한 책임감이 없다고 비난했다. 그것은 정상적인 삶의 에너지가 1그램이라도 잔존하는 이들이 하는 생각이다. 생의 에너지가 완전히 소진된 무력감을 체감해보지 못한 이들은 결코 이해하기 힘든 상태일 것이다.

패션 우울증

그런가 하면 최근 정신과 전문의들이 '패션 우울증'이라 부르는 증상은 자신에 대한 이해와 타인에 대한 이해 사이의 괴리가 깊어지며 발생하는 심리적 증상이라고 볼 수 있다. 전통적 개념의 우울증이란 이별이나 실패 같은 강력한 외부적 사건으로 인해 정신적 타격을 입은 상태나, 타고난 생물학적 취약성으로 인해 늘 기분이 가라앉아 있는 상태를 말한다. 무거운 증상이기는 하지만 약을 먹거나 상황에 따라 호전될 수 있다. 반면 패션 우울증이라 부르는 요즘의 우울 증상은 겉으로는 심각해 보이지 않으나 오히려 쉽게 치료가 어렵다는 특징을 보인다고 한다.

일본의 정신과 의사인 사이토 다마키의 『사회적 우울증』에 따르면, 이들은 놀 때는 활기차고 일할 때는 무기력해지며 출근해야 할 때 갑자기 우울해지는 경우가 많아 꾀병이나 엄살로 보이기 쉽다고 한다. 또한 무단결근이나 무책임한 일처리를 하고도 미안해하지 않고 직장이나 부모의 탓으로 돌리는 경우도 많다. 넘쳐나는 심리학적 지식을 보고 들은 것이 많다 보니 가스라이팅이니 폭력 트라우마니 하는 자의적 해석으로 방어논리를 강화하며 진짜 자신의 내면은 마주하지 않고 회피하는 것이다.

한국의 정신과 의사인 하지현 박사는 일본에서 일어나는 사회·심리적 현상들이 시간 격차를 두고 우리 사회에서 비슷하게 반복되는데, 최근의 신종 우울증 역시 10여 년 전 일본에서 유행한 사회적 우울 증세와 유사하다고 진단한다. 경제가 어렵고 먹고사는 것이 중요했던 시기의 우울증이 생존에 관한 문제가 많았다면, 사회적 우울증상은 주변과의 관계나 존재에 대한 의미가 허약해질 때 나타난다. 큰 결핍 없이 성장하며 높아진 자존감으로 자신의 존재성을 드러내고 싶고 지향점도 높아지지만, 그럴수록 세상과의 관계가 쉽지 않다는 사실에 수치심이나 절망감이 커지기 때문이다.

현대의 많은 사람들이 이런 자신의 속마음을 감추거나 합리화하는 기제로 "나 우울증이어서 그래"라며 증상을 패션처럼 활용하고 있다는 분석에 동의하며, 이러한 사회 현상들이 지나치게 완벽하고 표준적인 성공을 추구하는 동시에 결핍은 부정하거나 경원시하는 사회에서 필연적으로 발생하는 결과라는 생각도 하게 된다.

그늘 없는 우등생들을 유난히 선망하고 동경하며 자신의 아이만은 완벽하게 안락한 요람에서 키워내고자 하는 부모들의 욕망이 오히려 업보가 되는 아이러니를 목도하고 있다. 어떤 인간도 완벽할 수 없다는 사실을, 그리고 그런 타인의 부족함을 사랑하지 못하는 사람은 자신의 부족함도 사랑하기 어렵다는 단순한 사실이 잊혀져가는 세상이기 때문인 것 같다.

연민의 결핍

정신과 생활이 건강한 사람은 이상적이다. 타인도 자신도 해하지 않고 늘 적절한 균형을 찾는 이들 덕에 세상이 그나마 정상적으로 돌아가니 고마운 존재이기도 하다. 하지만 너무 바르고 올곧게만 살다보니 오히려 강자들이 구축한 세계의 질서와 원칙에 취약한 이들이 살아내는 방식을 이해하지 못하는 경우도 많은 것 같다. 우등생으로만 살아온 부모일수록 자녀의 부족함이나 작은 일탈에도 엄격하듯이, 다양한 삶의 경험이 적을수록 자신처럼 단단하지 못한 이들을 이해하지 못하고 상처를 주거나 배타성을 보일 수 있다.

음지에서 고통받던 수많은 여성의 미투가 터져나오던 시기에 가해자보다는 피해자의 자기관리를 비난하는 사람들 중에는 의외로 여성도 많았다. 그중에는 폭력적인 사회생활을 경험해보지 못하고 곱게 살아온 여성이나, 반대로 자신을 잘 보호해온 씩씩한 여성 혹은 권력을 쟁취한 성공한 여성들이 많았다. 자신이 충분히 안전한 환경에서 자랐거나 운 좋게 극복했기에, 오히려 이를 극복하지 못한 이들을 더욱 이해하지 못하고 남성들 이상으로 비난한 것 같다.

　이러한 모습은 유복한 집안에서 자라 노력만큼 성공한 엘리트들이 일베화되는 것과도 비슷해 보인다. 이들은 개인의 우수성이나 노력만으로 더 나은 삶에 다가가기 어려운 후진국 국민의 비애, 기회에서 배제된 지역민이나 빈민들의 분노, 소수자나 취약자들의 두려움과 무기력함을 이해하지 못하고 약자를 그저 게으르고 염치없는 무임승차자들로 판단하고 혐오하는 경향이 있다. 지식인이나 일반적인 사회인들도 스스로에 대한 자부심이나 도덕성이 강하다보면 쉽게 타인을 심판하고 재단하려는 모습을 보이기도 한다.

　나는 별다른 일탈 없이 크게 주눅들거나 소외된 적 없이 살아왔다. 사회에서 구조적인 불평등을 겪어보지 않았다면, 그 속에서 좌절과 우울을 극복할 기회가 없었다면, 그런 나의 경험과는 비교할수조차 없을 만큼 고통스러운 삶을 살아온 이들을 다양한 심리치료와 봉사 현장 속에서 만나볼 기회가 없었더라면, 나 역시 타인의 나약함을 질타하고 쉽게 단정짓는 우를 저질렀을지도 모르겠다.

　『토지』의 저자 박경리 선생은 한 문학평론가와의 대담에서 "비애를 모르는 인간은 돼지와 같다"고까지 얘기하신 적이 있다. "절망과 비탄으로 가득찬 세상을 도외시하고, 다 죽어도 나만 잘사는 세상을 희망으로 바라보는 것은 망상"이라고도 하셨다.

　세상에서 일어나는 무수한 약자 배제·조롱 행위나 나치의 통치 같은 비극적 역사도 자신의 우수성·성실성에 대한 과신과 선민의식에서 비롯된 것이다. 개인과 사회의 성장을 방해하고 왜곡하는 가장 심각한 결핍은 비애를 경험하지 못했거나 망각한 이들에게 필연적으로 수반되는 '타인에 대한 연민의 결핍'이 아닐까 싶다.

과시하지 않아도 충분한 것들

독서와 운동의 공통점

자랑은 인간이라면 누구나 가진 인정욕구의 발현이다. 과하면 흉하고 오히려 역효과를 가져오지만 적당한 수준의 상호 인정 품 앗이는 사회적 윤활유로 기능한다.

그럼에도 굳이 안 해도 되는 자랑이 있다면 운동과 독서가 아닐까 싶다. 과시하지 않아도 전달되고 때로 타인이 더 정확하게 노력과 수준을 가늠할 수 있는 분야이기 때문이다. 어떠한 성분과 품질의 음식을 섭취하고 얼마나 운동을 했는지 자랑하지 않아도 혈색이나 신체의 상태를 보면 짐작할 수 있다. 작심하고 몸관리를 해본 사람이라면 더욱 잘 파악할 것이다. 몸은 몹시 정직해서 단 1그램도 이유 없이 증감하지 않으며 물만 먹고 찌는 살이나 운 좋게 생기는 근육 같은 것은 없다.

독서도 비슷한 것 같다. 제대로 한 독서라면 과시하지 않아도 언어와 태도에 드러나게 되어 있다. 지식과 통찰력이 풍부한 사람일수록 더욱 잘 파악할 것이다. 헬스클럽 가격이나 시설 자랑이 운동의 핵심 요소가 아닌 것처럼, 장서와 독서량 자랑도 뭔가 핵심에서는 벗어난 느낌이다.

한동안 SNS에서 '독서가 매력 있는 중장년이 되게 만드는가'란 주제가 이슈가 되었다. 유명 작가의 칼럼으로 촉발된 것이었는데, 동의하는 이들도 있었고 반박하는 이들도 있었다. 반박하는 이들은 독서의 목적이 매력 추구는 아니지 않느냐는 것이었는데, 나는 사람들이 하는 모든 행위 속에는 자신의 매력과 경쟁력을 높이고 싶은 무의식적 요소가 있다고 보는 쪽이다. 그렇지 않다면 부와 처세에 관한 책들이 그렇게 많이 팔릴 리가 없지 않을까. 독서라 해서 모든 인간적 욕망에서 자유롭고 고상한 것이어야 한다고도 생각지 않는다. 소설이 공감력을 높여 장수로 이끈다는 칼럼을 읽은 적이 있는데 그럴 수만 있다면 그 또한 좋은 일일 것이다.

매력 있는 사람의 요건은 다양하다. 외모나 재능, 언변 같은 타고난 요소도 있지만 재력이나 스펙 등 후천적 요소도 중요하다. 그러나 젊음이라는 가장 강력한 매력을 상실하고도 꾸준히 빛을 발하는 것은 폭넓은 지식과 경험을 통한 균형감과 시야인 것 같다. 독서는 이런 매력의 형성에 큰 힘을 발휘한다. 어린 시절 왕성하게 뛰놀며 생성된 근력이 평생 건강의 중추가 되듯, 일찍부터 형성된 풍부한 독서습관은 분명 더 깊이 있고 유연한 사고와 지적 능력으로 사회적 기회와 경쟁력을 제공하는 경우가 많다. 그래서

인지 다독하는 모든 중년이 매력적이진 않지만 나이 들어도 매력 있는 이들 중에는 분명 다독가가 많아 보인다.

지식의 부작용

하지만 나잇값을 한다는 말만큼이나 나잇값을 못 한다는 말도 무성한 것처럼 배운 값을 한다는 말만큼 배운 놈이 더 무섭다는 말도 자주 들린다. 흔히 '지식의 저주'라고 불리는 표현도 그중 하나다. 지식의 저주란 자신이 알고 있는 지식을 다른 이들도 당연히 알 것이라 착각해 오히려 소통이 어려워지는 상태를 말한다. 교육자들이 학생들의 수준을 잘 이해하지 못하거나 전문가들이 자신만의 세계에 갇힌 언어를 사용하는 경우들을 예로 들 수 있다. 지식이 소통을 돕는 것이 아니라 방해하는 역효과를 가져오는 것인데, 실제로 이런 지식인을 보는 것은 그리 어렵지 않다. 한 분야를 오랜 시간 공부하고 비슷한 관계자들을 주로 만나다 보니 자신의 분야가 생소한 상대의 입장을 헤아리지 못하는 것이다.

또한 특정 분야에선 권위자지만 한 걸음만 벗어난 분야에는 무지한 경우도 상당하다. 데이터 전문가이자 통계학자인 한스 로슬링도 그의 저서 『팩트풀니스』에서 비슷한 이야기를 한다. 석학이라 불리는 각 분야 최고의 지식인들에게 다양한 시사 상식을 질문해보았는데 의외로 점수가 낮아 보통 사람들과 다르지 않았다는 것이다.

사실 이것은 비난할 일도 조롱할 일도 아니다. 인간의 시간은 유한하고, 특정 분야에 집중하다 보면 당연히 다른 세상은 모를 수 있다. 문제는 이 당연한 사실을 간과하고 모든 분야에서 권위를 행사하려는 태도나 이런 이들을 상업적으로 활용하는 미디어, 이를 추종하는 사람들의 모습이 아닐까 싶다.

언젠가 SNS에 농담처럼 올린 글이 있다. 석박사 학위란 '수리부엉이 발톱 모양 연구'처럼 협소한 지식에 평생을 바치고 얻는 것이니, 넓을 박의 박사보다는 좁을 협의 협사나 깊을 심의 심사라고 부르는 것이 맞지 않냐는 내용이었는데 많은 이들이 공감했다. 넓이만큼 깊이 또한 중요한 것이니 한 분야를 깊게 파는 것을 폄하하려는 의도는 아니다. 높고 넓은 건축물이 있기 위해서는 깊고 단단하게 땅을 파야 하듯, 누군가는 깊이를 탐구해야 그 지식을 바탕으로 더 넓고 높은 문명의 발전이 이루어진다. 각자의 성향이나 지향에 따라 살아가며 서로에게 도움이 된다면 넓고 얕게 살든 깊고 좁게 살든 모두 의미 있는 삶일 것이다. 단지 특정 분야의 권위자라는 이유로 자신이 경험하지도 못하고 제대로 만나보지도 못한 수많은 이의 삶, 더 깊은 지식이 필요한 분야들에 대해 쉽게 말하고 함부로 가르치려 하는 오만을 경계해야 할 것 같다는 의미의 농담이었다.

때로 격동의 현대사에서 상대적으로 가장 안전한 상아탑 안에서 살아온 교수나 지식인들이 좁은 종교관과 문자향의 세계 속에서 여전히 구시대적인 가치관을 용감하게 주장하는 것을 본다. 자신들이 어떤 이들의 희생과 고혈 위에서 그것을 누려온 것인지 미안함도 모르고 보통의 노동자들의 현실조차 모른 채, 그저 책상머리 스승 노릇을 하는 것이 얼마나 큰 교만인지를 느끼게 하는 모습이다.

꾸준하고 올바른 운동으로 단련된 신체일수록 소화할 수 있는 의상이 많아지듯, 책을 통해 이해하고 소통할 수 있는 사람의 폭이 넓어지는 것은 독서가 주는 가장 큰 선물이다. 책꽂이의 책과 지식이 쌓이는 만큼 선민의식과 불통이 커진다면 무언가 잘못된 것이다. 지식은 음식량과 같아서 섭취할수록 증가하지만, 과식과 편식이 건강에 해가 되듯 편중된 지식 또한 부작용이 있을 수 있다. 잘못된 운동이 몸을 망치듯 자기과신에 빠진 독서는 사고를 왜곡시키고 위험한 언행으로 이끌기도 한다. 무능한 옛 선비들이 책만 읽으며 현실에 무지한 삶을 살았던 것처럼 장서 속에 고립된 영혼도 많은 것 같다.

빨간 알약 선택하기

책을 읽고 지식을 얻는 것은 이렇게 한계가 있는 일이지만, 그럼에도 난 독서가 매우 의미 있고 중요한 것이라고 생각한다. 작년 말 어떤 송년 모임에서 주사위를 던져 나온 숫자에 해당하는 랜덤 질문에 대답하는 시간이 있었다. 내가 처음 접한 질문은 "자신이 가장 자신다워질 때가 언제인가"라는 가볍지 않은 것이었다. 갑작스런 질문이라 잠시 당황스러웠지만 "책을 읽을 때 가장 나답다고 느낀다"고 답했다. 난 정말 책 읽는 것을 좋아하고, 책이 많이 있는 공간에 있을 때 가장 큰 행복과 풍요로움을 느낀다. 묵은 책장에서 풍겨나오는 향기를 사랑해서 내가 가장 아끼는 닉네임도 서향(書香)이다. 더구나 가장 좋아하는 취미가 그리 큰돈이 들지 않는 독서이니 이 얼마나 가성비 좋은 삶인가 싶기도 하다.

이런 얘기를 하니 함께하던 사람들이 역시 모범생 교수님답다고 하길래 "모범생은 교과서를 많이 읽는 사람들이고, 책을 많이 읽는 사람들은 모범생일 수가 없다"고 대답했다. 사람들은 언뜻 독서를 지식을 습득하는 대단히 고상하고 윤리적인 도구로 생각하고 따분하게 보기도 하지만, 결코 그렇지 않다. 책 속에는 인간의 인지능력으로 다가갈 수 있는 거의 모든 것이 있다. 아름답고 선한 것도 있지만 추하고 악한 것도 있고, 고상하고 우아한 것도 있지만 천박하고 외설스런 것도 있다. 『콩쥐팥쥐』나 『헨젤과 그레텔』 같은 어린이 동화의 원전은 생각보다 훨씬 잔혹하고, 어린 시절 읽으며 상상의 나래를 폈던 『아라비안 나이트』나 『그리스 로마 신화』 『북유럽 신화』에는 권력 뒤에 존재하는 인간사의 온갖 비애와 폭력, 밤 생활의 은유가 내포되어 있다.

공감과 따스함이 넘쳐날 듯한 심리학 책들은 깊이 들어갈수록 인간의 가장 내밀하고 못난 모습을 가감없이 드러내고, 범죄심리학 분야의 책을 읽으면 제정신으로는 마주하기 힘든 인간의 바닥을 맞닥뜨리게 되어 밤잠을 설치기도 한다. 지식 과시에 큰 도움이 되는 역사서는 인간 군상들이 수천 년간 서로를 증오하거나 시기하거나 무시하며 최선을 다해 고통과 상처를 주는 어리석음의 기록이기도 하다. 영화「매트릭스」에서 주인공 네오는 기억을 잊고 진실을 모른 채 살 수 있는 파란 알약과 세계의 고통스런 진실을 알게 되는 빨간 알약 중 하나를 선택해야 하는 기로에 선다. 좋은 책을 읽는 것은 빨간 알약을 선택하는 행위와 같다.

책을 읽는 사람들이 나이가 들며 더 매력적일 수 있는 이유는 더 도덕적이고 더 모범적인 사람이 되어서라기보다는 오히려 이러한 인간사 천태만상을 응시하고 이해하게 되면서 덜 견고하고 덜 완고한 사람이 되기 때문이 아닐까 생각한다. 좋은 것만 본다고 좋은 사람이 되는 것이 아니라, 시야가 넓고 깊어져야 더 균형감 있는 판단을 내리게 된다. 자기 자신에 대해서만 생각한다고 스스로에 대한 이해가 깊어지는 것이 아니라 타인과의 관계를 통해야만 자신을 더욱 명확히 응시할 수 있게 되는 것과 같다. 지구촌을 거쳐가는 무수한 존재들의 삶을 통해 나만 잘난 것도 아니고 나만 못난 것도 아니며, 나의 삶만 고통스러운 것이 아니라는 사실을 이해하게 될 때, 자연스러운 겸허함과 자유로운 자존감이 싹튼다.

책보다 좋은 것이 없다

결국 내가 생각하는 독서의 목적은 나와 타인과 세계에 대한 이해이다. 이유를 모르고 던져진 삶에 대한 근원적 질문부터, 나를 불편하게 하는 것, 이해하기 어려운 무수한 것들이 왜 존재하고 사회에 어떤 기능과 역기능을 하는지, 그러한 것들에 어떻게 현명하게 적응하고 대응해나가야 하는지까지 이해하는 데 책만 한 길잡이는 없는 것 같다. 세상에 대한 이해의 폭과 깊이를 갖게 되는 가장 좋은 방법은 직접경험이지만, 유한한 시간과 제한된 공간 속에 살아가는 현대인으로서는 책과 영화 등 예술을 통한 간접경험과 선대의 지식을 통해 무수한 관계를 시뮬레이션하며 검증할 수밖에 없다. 체험의 한계는 있지만, 다행히 모든 노력이 그렇듯이 독서 역시 시간과 공력을 크게 배신하지는 않는 것 같다.

미디어 기술이 발전하며 유튜브 같은 영상매체들이 일부 독서의 역할을 대신하기는 하지만, 생각의 여백과 주체성이란 측면에서 독서와는 분명 차이가 있다. 지식·정보 영상처럼 책도 일방향의 지식이긴 하지만, 책은 한 줄 한 줄 음미하며 대화하듯 읽어나갈 수 있는 도구다. 나의 경우 흥미롭게 읽은 책에는 여백에 메모한 글이나 끼워놓은 메모지가 수북해서, 내가 책을 읽은 독자인지 저자인지 모를 지경인 경우도 있다. 훌륭한 스승이나 깊이 있는 친구와 대화하듯 책을 통해 많은 것을 배우고 느끼기에 그리 되는 것인데, 영상은 책만큼 깊은 사색을 하기에는 힘든 것 같다.

정신도 몸만큼 정직해서 꾸준한 학습과 자기성찰의 노력 없이는 성장과 성숙에 한계가 있고 도태되기도 쉽다. 돌도 씹어 먹는다는 젊은 시절엔 고루 잘 먹고 많이 움직이면 충분하다. 하지만 나이가 들면 점차 정제와 절제의 노력이 필요하듯, 다독 이상으로 양서의 정독도 중요하다고 느낀다. 이렇게 나이 들수록 질적 요소가 중요해진다는 점도 건강과 독서의 공통점 같다.

운동도 독서도 방법일 뿐 목적이 아니다. 운동의 미덕이 허물어진 몸과 불필요한 군살들을 정리하며 건강을 되찾아주는 것이듯, 독서의 가장 큰 미덕은 자신의 내면과의 갈등과 헛된 욕망을 성찰하게 해 더 행복하진 않아도 더 불행한 사람이 되지는 않게 도와준다는 점이다. 이 풍진 세상에 그것만으로 충분한데 장서와 독서량을 과시할 필요가 무엇일까.

누구도 뒷담화에서 자유로울 수 없다면

뒷담화의 빛과 그늘

소주가 맥주에게 조용히 속삭인다.

"막걸리 걔 은근히 뒤끝 있더라."

오래전 본 유머 글인데 제목이 뒷담화였다. 뒷담화란 말은 뭔가 불편한 감정을 불러일으킨다. 나만 모르고 남들은 아는 이야기는 대체로 소외와 같은 부정적인 결과를 가져오기 때문일 것이다. 모두가 자신을 욕한다는 생각에 고통받는 신경증적 증세도 비슷한 불안감에서 온다. 그런데도 왜 사람들은 사실 여부도 불확실하고 서로에게 상처를 주는 이런 음험한 방식의 소통을 즐기는 것일까. 뒷담화는 불량한 인격들이 벌이는 악의의 한마당일까.

유발 하라리는 『사피엔스』에서 뒷담화와 인류의 인지혁명의 관계를 기술한 적이 있다. 뒷담화는 악의적인 행위지만, 충분히 신뢰할 만한 사람인지 배신할 수 있는 사람인지에 대한 정보를 통해 인류가 서로 긴밀하고 복잡한 협력 관계를 발달시킬 수 있게 하는 원동력이기도 하다는 내용이다. 인간의 언어가 발달한 이유도 이러한 정보를 공유하기 위해서였다고 주장한다. 사자나 들소의 위치를 파악해 생계를 유지하는 일 이상으로 권력자나 경쟁자의 속마음과 주변의 동향을 살피는 일도 중요했고, 관심 가는 암컷·수컷의 성향과 취향을 이해하는 일도 생존에 필수적인 요소라는 것이다.

생각해보면 어떠한 방식으로든 뒷담화를 하지 않는 사람은 있을 수가 없다. 관계의 세계는 '나'와 '너' 그리고 '제삼자'로 구성되는데, 늘 나와 너의 이야기만 할 수는 없기 때문이다. 늘 자신의 이야기만 하는 사람은 유아거나 심각한 나르시시스트일 것이고, 늘 너의 이야기만 하는 사람은 집착증을 의심해야 할 것이다. 사회적 존재인 인간의 삶에서 제삼자의 이야기를 하지 않는 것은 불가능하고, 나이가 들고 시야와 활동 반경이 넓어질수록 제삼자는 증가할 수밖에 없다.

상담치료 현장처럼 내담자의 삶과 감정에 온전히 집중하는 경우도 있긴 하지만, 그조차 각자의 삶에 개입한 타인들과 그로 인한 감정과 상태에 대한 이야기다. 사람 사는 곳엔 칭찬이든 험담이든 뉴스든 반드시 타인에 관한 정보가 있고, 이러한 '소식이나 소문의 공유'는 사회를 살아가는 데 꼭 필요한 생존 방식이다.

개인 간의 관계만이 아니라 모든 집단과 사회의 변화에도 뒷담화의 영향력은 존재한다. 진실 여부와 상관없이 마리 앙투아네트와 왕실에 관한 악의적 소문은 프랑스 혁명에 일조했고, 미국의 워싱턴포스트』지의 기자에게 닉슨과 백악관의 비리를 전해주었기에 가능했다. 독재자나 은밀한 권력자가 아무리 언론을 통제하고 국민을 감시해도 뒤에서 비리와 악행의 실체를 폭로하는 이들이 존재하기에 역사는 바뀐다. 역사의 진실은 승자의 관점에서 기록해온 정사만으로는 알기 어렵고, 내밀한 동기와 숨겨진 비화들을 상대적으로 자유롭게 기술한 야사가 더해져야만 더욱 입체적인 그림으로 완성된다. '정사는 뼈고 야사는 살'이라고 하는 이유다.

경제나 문화의 변천도 마찬가지다. 더 많이 가진 이들이 더 먼저 누리는 새롭고 좋은 것에 대한 소문들이 유행을 만들고 경제를 일구기도 한다. 과시와 자랑이 목적인 SNS의 발달로 박탈감과 우울함이 강화되고 허영이 지나쳐 문제가 되기도 하지만, 인류의 모든 풍속과 경제의 발전은 부러움이나 질시 같은 감정과 함께 유통되는 뒷담화를 통해 성장한 것이기도 하다.

뒷담화의 심리

결국 중요한 문제는 뒷담화 자체라기보다는 이야기의 질과 동기라고 할 수 있다. 적절한 정보를 취합해 자신을 포함한 다수의 삶이 안전하고 풍요롭게 유지될 수 있도록 활용하는 것은 매우 유용한 일이다. 반면 뒤틀린 자의식과 질투심 같은 오염된 동기와 자신이 믿고 싶은 것만 보는 인지편향이 개입된 뒷담화는 해롭다. 점차 심해지는 선정적인 가짜 뉴스들 중에는 금전 추구같이 동기가 명백히 보이는 경우도 있지만, 더 깊은 속셈이 은밀하고 지능적으로 전달되는 경우도 많아서 진실을 파악하는 것이 결코 간단치는 않다. 청자와 화자의 지적 차이도 판단에 영향을 미치고, 소문의 진위보다 듣는 이의 편견이나 트라우마가 사실을 왜곡하는 경우도 많다.

심리학자들은 이런 위험한 뒷담화의 일차적 원인은 스스로 행복하지 않아서인 경우가 많다고 진단한다. 자신의 삶이 만족스럽지 않다 보니 타인도 불행하게 만드는 방식으로 위안을 추구한다는 것이다. 그러면서도 혼자만 질투하는 듯한 고립감이 불안해서 다수가 싫어하도록 소문을 퍼뜨리거나 주변에 강요하기도 하고, 그저 친목을 위해 험담을 하기도 한다. "나는 그렇게 생각하지 않지만 남들이 그러더라"며 이간질하는 사람들의 심리도 비슷하다. 타인의 추락은 원하지만 책임은 지고 싶지 않은 더욱 복잡한 속내다.

하지만 건강하지 못한 뒷담화는 타인의 삶만 위협하는 것이 아니라 결국 자신에게 부메랑으로 돌아온다. 남들도 정보를 교류하기 때문이다. 그래서인지 뒷담화를 양산하기 좋아하는 집단은 반드시 같은 이유로 분열되는 모습을 보인다.

전문가들은 뒷담화에도 '중독성'이 있다고 충고한다. 남의 욕을 하는 동안 쾌락 호르몬인 도파민이 방출되기 때문이다. 이러한 자극에 익숙해지면 점차 더 큰 자극을 원하게 되어 습관성 뒷담화에 빠지게 된다. 그리고 모든 중독이 그렇듯 도파민과 함께 스트레스 수치도 높아지며 자신의 건강에도 악영향을 미치게 되는 것이다. 타인을 해하는 흑마술을 쓰면 자신의 영혼에도 독소가 쌓인다는 말이 그저 설화는 아니라는 이야기다.

동핀란드대학의 연구에 따르면 세상과 타인에 대한 부정적인 감정이나 비판도가 높은 사람일수록 치매에 걸릴 위험이 3배, 사망률이 1.4배나 높아진다고 한다. 나 역시 타인에 대해 부정적인 이야기를 하고 난 후에는 왠지 불쾌한 감정을 체감한다. 정말 억울하고 분노할 일을 털어놓았을 때는 감정해소가 되지만, 스스로도 정확히 모르는 감정으로 부정적인 이야기를 하고 나면 오히려 마음이 불편하고 후회와 함께 스트레스가 쌓이는 경험을 했다. 서로의 기질·가치관 차이에서 오는 불편함이나 사소한 개인사로 얽힌 감정을 누군가의 성품으로 단정하고 쉽사리 인격을 훼손하는 언행은 본인을 위해서도 조심하는 것이 현명한 것 같다.

질투심 다스리기

부정적인 뒷담화를 자제하기 위해서는 나부터 시작해야 하고 동시에 서로 배려하며 개선해나가야 한다. 앞서 이야기한 대로 사람들이 타인을 깎아내리는 이유는 자존감이 약하기 때문인 경우가 많다. 그래서 유능한 조직관리자들은 구성원 간의 건강한 경쟁심을 활용하면서도 누군가가 박탈감을 갖지 않도록 살피며 조직을 운영한다. 각 부서의 진행업무나 프로젝트 성과를 모든 구성원 앞에서 발표하는 자리를 정기적으로 마련한 이후 뒷담화가 상당히 줄어들었다는 조직관리 사례도 있다. 자신의 노력과 기여도를 인정받고 싶은 마음이 해소되었기 때문이다.

이러한 방법은 개인적인 관계에서도 유용하다. 지인이 누군가에 대한 부정적인 이야기를 할 때 가장 깊은 곳의 속마음을 읽어주는 노력을 하는 것이다. 예를 들어 "그 친구가 승진한 건 윗사람에게 애교를 잘 떨어서 그래" 같은 뒷담화를 할 때, 함께 욕하며 동조하거나, "너 질투하는구나" 같은 식으로 비난하는 것은 좋지 않다. 이런 방식은 누구에게도 도움이 되지 않고 상처만 주게 된다. 사람들이 심각하게 뒷담화에 올리는 대상은 대개 자신이 닿을 수 있다고 판단되는 위치에 있는 이들인 경우가 많다. 자신에게 전혀 없는 재능을 질투하는 사람은 없기 때문이다.

재벌집 아들의 수십 억 연봉보다는 내 동료의 성과급 100만 원에 박탈감을 느끼고, 조성진이나 임윤찬의 세계적 콩쿠르 수상은 기뻐하지만 나랑 비슷하게 배운 친구가 입상을 하면 마음이 흔들리기 쉽다. 돈을 좋아하면 돈 잘 버는 사람을 질투하고, 일을 잘하고 싶을 때는 일 잘하는 사람을 질투한다. 결국 질투는 타인에 대한 것이기 이전에 자신의 성취욕구와 인정욕구에 대한 갈증이라

볼 수 있다. 그러므로 이런 사람에게는 "너도 그 분야에 재능이 많은데, 한동안 쉬었으니 이번 기회에 계속해보면 어때?" 같은 인정과 동기부여의 방식으로 대화를 풀어가는 것이 좋다. 타인을 끌어내리기보다 성취동기를 자극하고 지지해주는 것이 좋은 대화이고 좋은 관계의 바탕이기도 하다.

개인주의보다 관계주의가 강한 한국은 내 성취의 기쁨보다 타인의 성취로 인한 박탈감을 더 크게 느낀다는 심리 실험결과가 있다. 서양인은 타인의 점수와 상관없이 자신의 점수가 올랐을 때 행복을 느끼는 데 반해, 한국인은 자신의 점수보다 다른 친구의 성적에 따라 행복감이 변화되는 양상을 보여준다. 이러한 특성을 잘 이해하고 보완하며 양질의 관계성을 만들어가는 것이 좋은 리더나 친구의 덕목이 될 수 있을 것 같다.

늘 상기할 것은 사람은 누구나 완벽하지 않고 성향과 경험의 누적이 만든 가치관도 다르기에, 평가나 판단 역시 결코 완벽할 수 없다는 사실이다. 그러나 안타깝게도 평가와 판단은 마치 숨을 쉬는 것처럼 본능적으로 작동되기에 멈추려 해도 멈춰지지 않고, 잠시 멈추더라도 완전히 멈추는 것이 불가능하다. 따라서 잘 알지 못하는 타인을 함부로 판단하지 않고 깊이있게 이해하는 가장 좋은 방법은 역설적으로 가장 많은 판단의 근거를 살피는 것이다. 최대한 다수로부터, 가능한 오랜 시간에 걸쳐 천천히.

각자의 무의식이 설계한 주관적 믿음으로 가득 찬 세계 속에서 자신이 경험하지 못한 이야기를 믿는 것도, 반대로 자신이 아는 모습만 진실이라 믿는 것도 모두 불완전한 사고임을 성찰하는 것이 조금 더 조화롭고 현명하게 살아가는 지혜가 아닐까 싶다.

자랑하고 싶으면 얼마든지 해

자랑하거나 부러워하거나

"세상에는 말이야. 부러움이란 거를 모르는 놈도 있거든. 그게 누구냐면 바로 나야."

가수 장기하의 곡 「부럽지가 않어」의 가사다. 재기발랄한 가사에 절로 웃음이 나는 중에, 부러운 게 없다는 말이 진심일지 치기어린 반어법일지 궁금해진다. 현대의 명성 높은 철학자 라캉조차 인간을 "타자의 욕망을 욕망하는 존재"라고 규정하는데 말이다.

혹자들은 곡을 만든 가수가 부유한 환경과 높은 학력, 준수한 외모, 여기에 타고난 재능으로 이른 시기부터 명성까지 얻었기에 할 수 있는 말이라고 한다. 그럴 수도 있겠다. 그 중 한두 가지만 있어도 부러운 세상에 그 정도 가졌으면 마음이 넉넉해질 수도 있을 것이다. 하지만 재상의 자리에 앉은 이가 왕의 자리를 부러워하고 90개를 가진 자가 100개 가진 자를 시기질투해 벌어지는 비극이 넘치는 것이 인간 세상임을 감안하면, 자신의 상태에 만족할 수 있는 마음이 그저 객관적 상황만의 문제는 아닐 것 같다.

오래전 법학 교수의 강의에서 비슷한 이야기를 들은 적이 있다. 사람들이 부러워하는 명문대 법대생들이 동료들 간의 경쟁으로 인해 오히려 마음이 가난한 경우가 많다는 것이었다. 처음엔 사법 연수원의 성적 순위 비교로 시작해 판사가 되는 이들과 그렇지 못한 이들, 지방 발령자와 대도시 발령자, 승진 속도 등 끝없는 비교가 이어지다가 마지막엔 누가 더 재력이나 권력이 막강한 집안과 혼사를 맺는지로 끝맺는다는 농담 아닌 농담에 모두 웃었던 기억이 있다. 하지만 비교가 거기서 중단되었을 것 같지는 않다.

세상에는 서로의 장점과 강점을 인정하고 부족한 점은 보완하고 이해하려 하기보다는, 특정 가치만으로 서열을 정하고 사다리 오르기 경쟁을 하는 것이 인생이라고 믿는 사람도 많은 것 같다. 자신은 결코 그렇게 생각하지 않지만 세상이 그러하니 어쩔 수 없다며 합리화하기도 한다. 이렇게 형성된 무한 경쟁의 가치관은 필연적으로 자기과시나 자기비하를 동반하게 되고, 자랑과 질투라는 두 가지의 단순한 감정 사이를 오가는 빈곤한 삶에 이르게 만든다. 대한민국은 이런 현상이 가장 심한 나라에 속한다.

이런 사회 속에서 아무것도 부럽지가 않다는 외침은 무수한 철학자가 지식을 뽐내던 고대 아크로폴리스 광장에서 현자 디오게네스가 심드렁하게 내뱉던 말을 떠올리게 한다. 그의 명성을 듣고 찾아온 알렉산더 대왕이 그가 살고 있는 나무로 만든 작은 술통 앞에 서서 "당신이 바라는 모든 것을 해주겠다"고 하니, "지금 내가 즐기고 있는 햇볕이나 가리지 말아주시오"라고 일갈했다는 이야기다. 사회적 관습에서 자유롭고, 단순·소박한 삶의 행복을 아는 사람만이 할 수 있는 언행이다.

자랑이 부럽지 않은 이유

언젠가부터 나도 비슷한 생각을 하며 살아가고 있다. 부러움이 적어지는 중요한 이유 중 첫 번째는 모든 성공과 성취, 소유와 누림엔 타인의 희생이나 상처가 동반될 수밖에 없다는 인생 법칙을 알게 되어서다. 무수한 사람들의 인연과 인과가 얽힌 사회 속에서 온전히 자신의 능력으로 거대한 부나 명예를 일구는 초인은 존재할 수 없다. 작은 성공엔 작은 희생이, 큰 성공엔 큰 희생이 따른다는 것을 깨닫게 되었다. 희생하는 이들은 가까운 부모나 자식일 수도 있고, 자신보다 관심과 지원을 못 받은 형제자매일 수도 있으며, 동료나 직원, 제자, 힘없는 하청업체나 다른 국가의 국민들일 수도 있다.

세계적인 기업들 중 약소국의 고혈을 착취하지 않은 곳이 얼마나 될까. 내가 일했던 대기업의 시스템도 그랬다. 입사 초기엔 밤늦게까지 일할 때도 많았지만, 어느 정도 직급이 올라가고 근로 규정과 시스템이 좋아지면서 정시 퇴근이 가능해졌다. 하지만 대한민국 특유의 빨리빨리 문화는 늘 빠듯한 일정으로 외주 업체에 부담을 전가해 그들 대부분은 야근으로 일정을 맞추는 경우가 많았다. 미안한 마음에 적절한 일정과 합리적 보상을 위해 노력했지만, 자칫 담합을 의심받을 수도 있어서 조심스러웠다. 상사에 따라서는 부당한 요구를 하는 경우도 있었다. 대기업이란 그렇게 중소기업이나 하청업체 직원들의 피와 땀으로 성장한다. 글로벌 기업들의 횡포는 더욱 심하다. 자신들의 이익을 위해 가난한 나라의 식수와 땅을 오염시키고 어린이들의 노동력까지 착취하는 경우가 부지기수다.

개인의 가정사를 들여다봐도 다를 것이 없다. 남녀의 불평등이 심각했던 바로 한 세대 이전만 해도 거의 모든 집안의 딸들은 아들을 위해 학업을 포기했다. 아들은 대학을 보내 큰물에서 놀게 해야 한다고 믿었기에 그들의 학비와 생활비 지원을 위해 딸들은 어린 나이부터 노동을 하거나 집안일을 거들어야 했다. 더 똑똑하고 재능이 있는 딸을 위해 아들을 희생하는 부모나, 누나와 여동생의 꿈을 위해 자신을 희생한 남성의 이야기는 들어보지 못했다. 그렇게 당연한 권리인 듯 상아탑에 입성한 아들들이 부를 일구거나 권세를 누리면서도 자신을 위해 많은 것을 포기한 누이와 가족들에게 은혜를 갚거나 감사를 표했다는 얘기도 자주 들어보지 못했다.

더구나 대한민국에서 부를 일구고 권력을 가진 이들의 상당수가 친일의 후손이거나 부패한 권력과 결탁했거나 누군가의 고혈로 성장했음을 역사를 통해 알고 나면 더더욱 부러운 마음이 사라진다.

자랑의 심리

부러움이 적어진 또 다른 이유는 자랑의 심리를 이해하게 되었기 때문이다. 사람끼리 만나 서로 자랑할 수도 있고 자랑하는 것을 들어줄 수도 있지만, 지나친 나르시시즘이나 허세를 동반한 자랑은 오히려 심리적인 허기에 가깝다고 볼 수 있다.

「부럽지가 않어」의 가사 중 "그게 다 부러워서 그러는 거야. 부러우니까 자랑을 하고. 자랑을 하니까 부러워지고. 부러우니까 또 자랑을 하고"라는 구절처럼 자랑과 부러움은 동전의 양면이라 할 수 있다. 이와 관련된 흥미로운 연구 결과를 뇌과학자 장동선 교수가 소개한 적이 있다. 흔히 나르시시스트는 스스로에 대한 자신감이 넘칠 것이라 생각하지만, 오히려 타인의 평가와 시선을 의식하고 두려워하는 경향이 크다는 것이다. 일례로 자신의 얼굴 사진을 보게 했을 때 타인의 얼굴을 볼 때보다 강한 뇌 반응이 일어났는데, 의외로 매우 부정적이고 위협을 겪는 사람의 반응에 가까웠다는 것이다.

실험을 진행한 연구자들은 나르시시스트들이 실제로 자존감이 높다기보다는 과장된 자의식을 유지하려는 의지가 강한 것이라고 분석한다. 드러나는 자신감과 실제 무의식의 격차가 크기 때문에 자신의 기대치보다 낮은 실제 얼굴을 직면하자 이를 위협으로 느끼고, 타인에게 평가받는 상황을 더 두려워 한다는 것이다.

자아비대증이라고 할 만큼 자랑을 많이 하고 자부심도 강해보이는 이들일수록 심리적 기반이 취약하고 부러움과 시샘도 더 클수 있다고 추측해볼 수 있는 연구결과다. 이와는 반대로 누가 봐도 충분히 뛰어난 재능과 괜찮은 환경을 누려온 사람이 의외로 자신감이 없는 경우도 종종 보는데, 그 이유 또한 내면의 더 큰 욕구로 인한 위축감인 경우가 많다. 자신이 가진 것과 부족한 것을 있는 그대로 받아들이지 못하고 더 좋아 보이는 조건이나 재능을 가진 타인과 비교하다 보니 행복을 누릴 마음의 여력이 부족할 수밖에 없다. 남보다 더 뛰어나고 싶은 욕망과 비교에서 오는 결핍으로 인해 자랑과 부러움의 늪으로 모두가 빠져드는 세상을 관조하면, "난 너의 자랑질을 결핍으로 이해할 테니 얼마든지 해" 하고 웃어 넘길 수 있게 된다.

무소유의 진정한 의미

살아갈수록 삶이란 부지불식간에 무수한 타자에게 상처를 주는 여정임을 깨닫게 된다. 아름답고 풍성한 음식 사진 속엔 참혹한 살생이 숨어 있고, 향긋한 꽃놀이와 산책길 속에도 작고 여린 풀과 벌레의 짓밟힘이 있다. SNS를 가득 채운 고급스런 취향과 성공담, 인싸들의 친분 자랑 속엔 축하와 덕담만큼 누군가의 박탈감이 존재한다. 자제하고 살펴도 결코 피해갈 수 없는 일이다. 법정 스님이 한사코 속세를 멀리한 이유를 나이 들어서야 알게 된다. 소유와 누림의 크기만큼 타자의 희생과 상처가 필연으로 동반되는 세상사의 이치를 깨닫게 되면, 소유가 어려워서가 아니라 두려워서 멀리하게 되는 것이다. 무소유의 진정한 의미는 물질적인 비움만이 아니고, 자신의 청정함을 추구하는 개인적 성취욕도 아니었다. 오히려 서로가 서로의 마음을 살피는 헤아림의 출발에 가까워 보인다.

　어지럽고 답답한 뉴스들을 매일 접한다. 평범한 시민의 눈엔 최악으로 보이는 혼탁한 인물들이 자신의 삶은 떳떳하다며 공정한 세계를 공언한다. 결핍과 욕망의 화신들끼리 탐욕의 성과를 자랑하고 이를 부러워하는 삶을 살다보면 늘 나 정도면 훌륭하다고 진심으로 믿게 되는 듯하다. 자신과 일가족이 누리는 풍요 속에 얼마나 많은 사람의 눈물과 고통이 새겨져 있을지 단 한 번도 돌아본 적이 없는 이들일 것이다. 부조리함이 넘치는 세계에서 불의에는 입을 닫고 안전하고 빛나는 길만 걸으며 권력에 영합해야 거머쥘 수 있는 타협의 트로피. 성공과 소유의 민낯을 알게 된 언젠가부터 부러움을 다스리는 것이 그리 어렵지가 않다.

지구촌 5퍼센트 부자로 살아가는 법

부동산 공화국의 풍경

몇 년 전 부동산 광풍이 몰아치던 시기였다. 엄마를 모시고 살기 위해 새로운 집을 찾으며 소문으로만 접하던 집값 폭등의 살풍경을 온몸으로 체감했다. 아파트 값 10억 원은 더 이상 서울 노른자위 지역의 일이 아니었다. 서울 부동산 가격 급등의 도미노 여파로 경기도의 아파트 가격도 하루가 다르게 오르고 있었다. 부동산 앱을 검색해가며 발품을 팔았지만 온라인 정보보다 현실은 더욱 가혹했다.

처음 들여다본 부동산 카페에서는 서울에서 경기로, 다시 더 외곽으로 밀려나는 이들의 원망과 분노가 쏟아지고 있었고, 자신이 소유한 아파트의 작은 단점이라도 지적하면 발끈하며 싸우는 이들도 많았다. "역에서 겨우 8분 거리인데, 당신은 무슨 짓을 하며 걷기에 15분이 걸린다고 하느냐"며 행여 집값이 떨어질까 날선 반응을 보이기도 했다. 경쟁하는 아파트 게시판에 들어가 흠집을 내는 사람들도 있었고 이들과 다투는 주민이나 삭제된 댓글도 많았다. 무섭다 해야 할지 안타깝다 해야 할지 모를 부동산 공화국의 아픈 풍경들이었다.

세상이 이렇게 될 때까지 난 무엇을 했는지, 어떻게 20년 가까이 직장생활을 하며 한국사회의 최대 관심사인 부동산 투자에 이토록 무관심하고 무지했는지 자괴감이 밀려왔다. 남들과 비교하는 삶보다는 내가 좋아하고 의미 있다고 느끼는 일을 추구하며 살고자 했던 가치관이 어리석게 느껴지는 나날들이었다. 그렇게 한동안 거칠어지는 마음과 정신줄을 부여잡고 주위를 보니 이 불가해한 현실이 그저 나의 부족함을 탓할 문제만은 아닌 듯했다.

오랜 시간 대기업에서 일했고 지금은 대학교에 적을 두고 있어 비슷한 형편의 지인들이 많은데, 그들 중 대다수가 일산·김포권, 인천·부천권, 평촌·산본권, 수원·성남권 등 경기도 신도시 지역에 산다. 서울에 사는 이들도 있지만 연신 초고가를 갱신하고 있는 강남권에 자가를 가진 지인은 많지 않다. 대한민국에서 가장 안정된 직장이라는 대기업, 교수, 공무원으로 사는 이들 중에서 나는 유독 무능력한 사람들만 골라내어 사귀는 독특한 취향과 안목이라도 있던 것일까. 그게 아니라면 이유를 찾는 것은 그리 어렵지 않다. 지위를 이용한 뇌물 수수나 개발 정보 선점, 업무 시간의 사적인 재테크 활동 같은 것을 하지 않고 정직하게 살아온 평범한 월급쟁이 직장인이라면 이 정도가 가장 정상적인 상황인 것이다.

금수저 부모님의 은덕이나 고소득층과의 결혼 같은 행운, 남다른
재테크 능력이 있는 경우가 아니라면 말이다.

가계 대출을 무리하게 받아서라도 내 집을 마련할 수 있는 기회
자체가 현격히 줄어들고 있기는 하지만, 월급쟁이들에게 서울 집
값, 그것도 개발 이후 강남의 집값이 싼 적은 단 한순간도 없었다.
그렇다면 그 비싼 집들을 소유하고 집값 상승을 부채질하며 정기
적으로 부동산 광풍을 일으키는 이들은 누구일까. 대다수 국민은
일상을 살아가기에 바쁘고 이런 일이 터질 때마다 그저 한숨만 쉬
고 있는데 말이다.

망상 부추기는 사회

많은 전문가들이 지적했듯 '패닉 바잉'이라는 표현이 적절하다
는 생각이 든다. 신기루를 조작해 이득을 보는 이들과 실체 없는
욕망과 불안에 휩쓸린 사람들이 만들어낸 비정상적 시장이란 점
에서 그렇다. 대한민국에서 사람이 살 만한 집다운 집에서 살려면
기본 10억 원은 있어야 하는 듯 호들갑을 떨지만, 정작 그런 집은
전체 가구 중 극히 일부다.

서울 아파트 평균값과 중위값이 10억 원에 육박하는 것은 사실
이다. 하지만 이런 서울 아파트 세대수는 일반주택이나 연립주택
등을 포함한 전국의 모든 주택 수 중 10퍼센트도 되지 않는다. 통
계마다 약간의 차이는 있으나 나머지 전국 90퍼센트의 집값 평균

과 중위값은 2024년 상반기 기준 모두 3억 원대 수준이다. 또한 상위 10퍼센트 소득자 상당수가 다주택자이며, 그들이 소유한 천문학적 부동산 가격이 전체 평균가를 높이고 있는 것을 감안하면 대한민국 집값에 대한 환상과 현실의 격차가 얼마나 큰 것인지도 알 수 있다.

운 좋게 일찍 서울에 터를 잡아 집을 소유하고 있는 이들이 아니라면, 부채 없이 그런 가격의 집을 갖고 있는 이들도 드물다. 이는 대한민국 국민의 평균 순자산 중위값이 2023년 12월 기준 2억 3천만 원이고 10억 원대 이상의 순자산을 가진 이들이 10퍼센트 안팎임을 보면 쉽게 알 수 있다. 결론적으로 무리한 부채 없이도 다주택을 보유하는 데 어려움이 없는 상위 10퍼센트 이내의 부자들이 만들어낸 착시와 그들을 선망하는 사람들의 욕망이 만나 부동산 버블의 악순환이 발생된다는 얘기다.

한동안 회자되던 '판교 신혼부부'는 이렇게 이상과 현실의 격차가 날로 심각해지는 세태를 보여주는 유행어다. 판교부부는 이 시대의 젊은이들이 가장 이상적으로 그리는 부부상이라 볼 수 있는데, 내용이 상당히 구체적이라 더 흥미롭다. 이를테면 본가는 서래마을인데 신혼집은 판교에 있으며 부부 모두 서울 강남·광화문·여의도 쪽의 직장으로 출퇴근하는 전문직이라는 설정이다. 20억짜리 판교 신축 아파트를 자가로 소유한 20대 말~30대의 신혼부부라면, 양가 부모가 모두 자산가여서 주택 구입에 큰 보탬이 되었어야 하고 본인들도 평범한 월급쟁이여서는 안 된다. 스톡옵션이나 성과급 정도는 억대로 받을 수 있는 신기술 영역의 전문가여야 하고 그러기 위해서는 유학 정도는 다녀온 엘리트일 확률이 높다.

그들의 본가가 서래마을이라는 설정은 왠지 세속적인 느낌의 강남 부자보다는 자유롭고 지적인 부모들을 연상하게 하고, 부부가 사는 곳이 판교인 것 역시 미국의 실리콘밸리족의 이미지처럼 새롭게 떠오르는 엘리트 신세대를 동경하는 사회변화를 보여준다. 강남과 강북이 같은 서울이 아니듯 서래마을도 같은 강남이 아니다. 또한 분당 사람들이 성남과 구분되고 싶어 하듯 판교 사람들은 그런 분당에서 다시 판교를 구분하며 '신의 도시'로 등극한다. 정확히 말하면 그 안에서 또 동판교와 서판교로 나뉜다고 한다.

이렇게 끝없이 구별 지으며 형성하는 계급의 최상위에 자리한 판교부부는 이전 세대처럼 그악스럽게 돈만 모으려는 이들이 아니다. 부모의 재력을 통해 쌓은 실력과 폭넓은 경험으로 여유가 있고 교양이 넘치며 외모도 건강하고 아름답게 잘 꾸미는 신흥 귀족의 삶을 누린다. 주말에는 판교 현대백화점의 괜찮은 푸드코트나 가까운 분당 정자동의 브런치 카페에서 식사를 하며 맥북으로 밀린 업무를 처리하고, 이후 백화점에서 쇼핑을 즐기거나 필라테스와 골프 등으로 몸을 가꾸고 서로 존댓말로 대화한다. 능력도 있고 자기관리도 잘하며 인생을 즐길 줄 아는 데다, 서로 존댓

말을 쓸 정도로 교양 있게 사랑받으며 잘 자란 젊은이들이라고 볼 수 있다. 요즘 말로 다 가진, 인생에 남부러울 게 없는 사람들인 것이다.

누구나 들어본 적은 있지만 본 적은 없다는 유니콘에 가까운 부부상인데, 허상도 자주 접하다 보면 현실로 느껴지는 법이다. 미디어와 언론은 유명 연예인들이 부동산 투자로 2년 만에 50억 원 정도의 이익을 얻었다는 식의 염장 기사를 끊임없이 퍼나르고, 방송과 드라마는 지치지도 않고 재벌이나 귀족 같은 커플을 등장시켜 마치 이들이 동네 편의점 사장님이나 세탁소 부부들보다 더 흔한 존재처럼 착각하게 만든다. 당장 10만 원도 아쉬운 서민들은 이제는 로또 1등을 해도 그들을 따라갈 수는 없다는 박탈감을 느끼며 10억 원 정도는 우스워 보이는 착각에 빠져드는 것이다.

날로 상업화되는 SNS의 영향력도 만만치 않다. 명품으로 도배한 셀럽들이 보여주는 럭셔리한 삶은 끝없는 욕망과 허기를 자극한다. 2022년 기준 직장인 연봉 중위값이 3,200만 원임에도 SNS를 보다 보면 억대 연봉자가 아니면 무능력자로 느껴진다. 40대 이하의 평균 순자산이 2억 5,000만 원이 안 되고 평생을 고생하며 살아온 부모 세대의 순자산 평균도 4억 원이 조금 넘는 현실에서, 10억 원 재산이 없으면 살 가치가 없는 실패한 인생처럼 여기게 되는 '망상 사회'가 되는 것이다. 세계 최상위 부국으로 살아가면서도 자고 일어나니 벼락거지가 되었다며 온 나라가 대성통곡

을 하고, 나 외엔 모두가 특혜를 누리는 듯한 환각과 착시가 일으
킨 분노로 화병과 우울증을 앓는 이들이 늘어만 간다. 젊은이들이
영끌 대출과 재테크에 인생을 걸거나, 그마저 포기하고 결혼과 연
애 모두 회피하게 되는 이유가 보인다.

가끔은 지구촌을 보자

컬러풀하고 화려한 CG게임 같은 세계 속에서 나 홀로 흑백의
존재로 살아가는 듯한 패배감이 들 때는, 앞서 설명한 경제 지표
같은 수치를 확인하는 것이 현실을 자각하는 가장 좋은 방법이다.
대한민국 국민의 실질 소득이나 순자산, 집값 평균 혹은 중위값만
검색해보아도 마음이 훨씬 안정될 것이다. 그래도 상실감이 가시
지 않는다면 인터넷에서 나의 세계 재산 순위*를 검색해보자. 대
한민국 연봉의 중위값인 3,200만 원 정도만 되어도 소득이 전 세
계 4~5퍼센트 이내에 든다는 믿기 어려운 수치를 볼 수 있다. 이
는 아시아·아프리카 저개발국 노동자들이 평생을 일해도 만지기
어려운 돈이다.

각 나라의 사정과 물가가 다르니 단순 비교는 어렵지만, 전 세
계 250여 개 국가 중 극소수 국가의 슈퍼리치 1퍼센트가 전체의
50퍼센트에 가까운 부를 독점하고 있다는 사실과 우리의 경제 순

---

* 기부 운용 조직 Giving What We Can 사이트에서 검색할 수 있다.

위를 단순 계산만 해봐도 크게 말이 안 되는 내용은 아니다. 절대 빈곤율은 점차 낮아지고 있다지만 여전히 수많은 인류가 전쟁과 분쟁, 독재와 재난 등으로 열악하다는 표현으로는 부족한 환경에서 살아간다. 아무런 잘못 없이 어려운 나라에서 태어나 고통받고 있는 이들이 있듯이, 아무런 노력 없이 우연히 풍족한 나라의 좋은 시대에 태어난 것만으로 감사하고 미안한 마음이 들게 된다. 대한민국에서 우연히 금수저로 태어난 이들도 부럽지만 나 또한 인류 역사와 전 세계라는 시공간 속에서는 금수저에 비견할 만한 삶을 살고 있으며, 대한민국 중산층의 삶은 웬만한 중세 왕이나 귀족들의 삶보다 풍족하고 안전하기 때문이다.

물론 현실의 삶이 결코 간단한 수치만으로 환산될 수는 없고, 준거 집단에서의 박탈감도 무시할 수 없으며 더 나은 삶을 향한 욕망이 죄악도 아니다. 또한 내 집 마련의 고통을 느껴본 적도 없고 고급 정보를 이용한 투기 이득의 장본인인 기득권자들이 일으키는 사회문제를 그저 개인의 마음 수양으로 덮고 넘어가서도 안 된다고 생각한다.

하지만 삶이 메마르고 빈곤하게 느껴질 때 가끔은 지구촌으로 시선을 돌려보는 것은 꼭 필요한 일이다. 쉴 만한 안식처가 있고 다이어트를 고민할 만큼 양질의 식사를 하며 문화생활은 물론 가끔 여행까지 즐기고 사는 삶에 무엇이 더 필요해서 그리 안달하며 살아야 하는 것일까를 돌아보게 될 것이다. 평소 당연히 누리는 것들, 부족하다고 느꼈던 많은 것들도 너무나 고맙고 사랑스럽게 느껴진다. 혹자는 이러한 생각이 비현실적 정신 승리라 여길 수도 있다. 하지만 80억 가까운 전 세계인의 대부분이 훨씬 어렵고 치열하게 살아가고 있는 세상에서 더 큰 부자가 되고 싶다는 조급한 기대야말로 가장 비현실적인 판타지가 아닐까 싶다.

한국의 중산층은 실제 경제력과 심리적 간격이 크다는 기사를 자주 접한다. 충분히 넓은 시야와 정확한 현실 이해 능력, 할 수 있는 것과 해야 할 일을 아는 진짜 능력자만이 감사와 긍정, 나눔의 여유 같은 축복 어린 선물을 누리게 되는 듯하다.

자넨 아직도 사람을 믿나

인간이 그리 단순한가

별다른 연고가 없는 한 무리의 인간. 출구 없이 펼쳐지는 죽음의 서바이벌. 이런 상황에서 필연적으로 일어나는 이전투구를 숨겨진 인간 본성의 통찰인 양 냉소하는 논리는 단조롭다. 동물계 포유강 영장목의 한 종일 뿐인 생물체가 위험 상황에서 자기보호 행위에 몰두하는 것은 인간만의 비열한 특징이라기보다 자연법칙에 가깝기 때문이다. 극단적인 논리로 인간의 잔혹성과 상호불신의 정당성을 강조하고 싶어 하는 이들의 대척점엔 충분히 입체적이고 다층적인 인간상의 사례들도 많다.

늘 상류사회를 동경하던 지인이 있는데, 간절함에 우주가 도왔는지 늦은 나이에 상당한 재력가와 결혼해 대한민국에서 가장 비싸다는 아파트에 살게 되었다. 욕구에 못 미치는 환경 때문이었을까. 늘 사회에 부정적이던 그가 결혼 후 갑자기 대한민국은 너무 좋은 나라라고 말해서 놀랐다. 부자들과 사귀어보니 봉사모임도 많고 예의 바른 이들도 많다는 것이 그 이유였다. 배낭여행으로 많은 나라를 돌아보니 한국 정도면 꽤 훌륭하다고 아무리 얘기해도 고개를 젓던 친구라 더욱 뜻밖이었다. 신분 상승으로 하루아침에 세계관이 바뀌는 모습이 흥미롭긴 했지만 이해 못 할 일은 아니다. 이상성격자가 아니고서야 봉사와 사교를 위해 모인 자리에서 무례하거나 극악한 모습을 보일 일이 얼마나 있을까. 게다가 '곳간에서 인심 난다'는 속담처럼 풍족한 사람들은 베풂의 단위도 클 것이니, 어렵게 살아온 지인으로서는 감동받을 만도 했을 것이다.

하지만 그런 모습만으로 부자가 더 선하다는 믿음을 갖기 어려운 것은 인간종의 도덕 본성이 그리 단순하지 않다는 것을 알기 때문이다. 「기생충」이나 「오징어 게임」도 부자와 빈자가 보여주는 비열함과 악의 방식을 입체적인 방식으로 드러내어 명작의 반열에 오른 작품들이다. 「오징어 게임」에서 천문학적인 돈을 갖기 위해 친구도 배신하고 살육하며 인간 실격의 아수라장을 연출하는 것은 '없는 사람들'이다. 하지만 그러한 판을 짜고 그들의 지옥도를 심심풀이 유희로 즐기는 이들은 '가진 사람들'이다. 원형경기장에서 노예나 검투사들의 생사가 오가는 혈투를 가끔은 하품도 하며 즐겼을 귀족들에 빙의한 이들이다.

왜 그런 일이 발생했는가

사람마다 작품에 대한 다양한 해석과 감상이 가능하겠지만, 내게 특히 인상적인 상황은 두 가지였다. 첫째는 데스게임이라는 것을 알게 된 후 이를 거부하고 떠났던 이들 대부분이 결국 되돌아온다는 점이다. 죽음의 공간에서 탈출해봤자 절벽 끝에 서게 될 이들이나, 막막한 생계와 갚을 길 없는 빚더미로 지옥이 이미 상수가 되어버린 사람들에게는 456분의 455라는 사망확률보다 456분의 1이라는 실낱같은 희망이 더 소중하기에 그렇다.

감옥이 인생의 대학이었다는 신영복 선생의 글이 떠올랐다. 왜 이곳에 있나 싶을 만큼 순박하고 수감생활도 모범적인 이들, 형기를 마치고 나가면 분명 성실하게 살 것이라 생각했던 이들이 시간이 지나면 다시 감옥에 들어오는 경우가 많았다고 한다. 처음엔 이해되지 않았지만 시간이 지나며 인간이 상황을 극복하는 것이 얼마나 어려운 일인지 깨달았다던 글이었다.

순박함은 도덕이나 윤리와 동의어가 아니고, 따뜻함의 동의어가 오히려 잔혹함이 될 수도 있음을 살아가며 점차 깨닫게 된다. 누군가에게 깊은 애착을 가진 이들은 그 애착 대상을 잃을 때 가장 잔혹해질 수도 있고, 지나친 순박함 역시 무지로 인한 가해로 이어질 수 있기 때문이다. 시골의 순수함을 동경하며 정착한 이들이 시도 때도 없이 가택을 드나드는 이웃과, 좁은 세계에서 일어나는 지나친 사생활 침해나 뒷담화 등에 지쳐 다시 도시로 돌아오는 일들도 인간미의 양면을 보여주는 현상일 것이다.

최근 몇 년 사이에 직업화된 청년 여행 유튜버들이 급격히 증가하고 있다. 조회수 경쟁이 치열하다 보니 특별한 경험을 공유하기 위해 빈부 격차가 심한 나라 안에서도 특히 치안이 부실한 위험지역을 누비는 경우가 많아졌다. 아니나 다를까 비싼 물건이나 여행 짐을 다 털린 이야기를 비롯해 거리에서 몇 시간 폭행을 당했다거나 인종 차별을 당한 경험담이 상당수 올라오고, 이에 분노하는 댓글들도 넘쳐난다. 팔레스타인의 골목에서 동네 청년들이 유튜버의 신체를 건드리거나 시비를 거는 영상에는 "쟤들 수준이 저래서 이스라엘에게 당하나 보다. 나라가 없어져도 싸다"는 식의 댓글들이 달리고, 동양인을 보면 '칭챙총'이라는 인종비하 표현을 쓰는 아프리카 국가들에 대한 멸시의 표현도 난무하다.

열강에게 유린당한 힘없는 국가나 저개발 지역 사람들은 무조건 소박하고 친절할 것이라는 단순한 믿음을 가진 사람일수록 예상과 다른 모습을 목격할 때 혐오와 조롱이 거세지는 것 같다. 단지 부자라는 이유로 특정 개인이 더 착하거나 악하지도 않은 것처럼, 전쟁 피해국의 국민이나 난민, 오지에 사는 이들이라 해서 더 순수하고 따뜻할 것이라 믿는 것도 편협한 사고다. 이는 성폭력 피해자가 웃고 있으면 이를 비난하며 늘 슬프고 비통한 모습의 피해자성을 요구하는 것이나, 기초생활수급자가 돈가스 먹는 것을 목격했다며 분노하는 모습과도 유사하다. 피해를 당한 여행객이

가해자보다 더 윤리적이고 착한 사람임을 입증할 필요가 없듯이, 약소국가 국민 전체에 대한 편견도 폭력적 인식이 될 수 있다. 우리가 좀더 진지하게 고민할 것은 '누가 선이고 누가 악인가' 같은 양분법보다는 '왜 그런 일이 발생했는가'와 '어떻게 해결할 것인가'라는 질문이다.

약소국 사람들이 여행객에게 무례한 모습을 보이는 것은 그들이 천성적으로 못나고 악해서일까. 지구상 가장 거대한 감옥이라 불리는 팔레스타인 가자지구에 고립된 약 200만 명의 사람들 중 거의 절반은 18세 이하라고 한다. 이들 대다수는 태어나서 단 한 번도 그 지역을 벗어나본 적이 없다. 언제 폭탄이 터질지도 모르는 불안한 나날들 속에서, 이미 가족을 잃었을 수도 있는 아이들이 사회규범과 에티켓 같은 것을 배울 만한 여력이 있을 리가 없다. 또한 그들 상당수는 이스라엘과 서방세계에 대한 증오의 감정밖엔 없을 것이다.

이런 환경에서 아이들이 어떻게 성장할지 상상해보면 슬프기도 하고 두렵기도 하다. 이런 상황이 그 아이들의 잘못이기만 할까. 서양 열강이 수백 년간 자국의 이익을 위해 전 세계를 좌지우지하며 지속적인 갈등과 폭력, 기아와 빈곤, 테러리즘의 불씨를 키워온 모습은 「오징어 게임」의 부자들과 크게 다르지 않다.

「오징어 게임」에서 두 번째로 인상적인 부분은, 자신이 죽음의 경기를 하게 되었다는 것을 인식하게 된 각 인물들의 선택이다.

과반수가 합의하면 게임은 종료된다. 무차별 살상공간치고는 깜짝 놀랄 만큼 민주적인 조건이다. 그럼에도 천문학적인 돈이 실물로 눈앞에 보이자 그만두자는 이들만큼 지속하려는 이들도 나타난다. 인간성을 잃어가는 세상을 혐오한다고 말하면서도 돈과 이권 앞에서는 양심을 내려놓고 부정직하고 위험한 인물들을 선출하는 민주국가의 상황과 판박이다. 사회적 이슈가 발생할 때마다 자주 회자되는 나치의 패망을 다룬 영화 「몰락」에서 히틀러의 수족이자 선전선동의 달인인 괴벨스는 궤변을 토한다.

"난 국민들을 동정하지 않습니다. 동정할 이유가 없습니다. 누가 강요한 것이 아닌, 그들이 직접 선택한 운명이니까요."

맞는 말이다. 나치에 의해 휘둘리기 이전에, 국민들 스스로 나치당을 민주주의적 선거를 통해 선택한 것이다. 여기서 중요한 질문 또한 왜 하필 그런 당을 지지하게 되었는가이다.

믿어야 살아남는다

개인의 의지와 상관없이 다수에 이끌려 때로 '몰락'을 향해 내달을 수밖에 없는 것은 민주주의의 슬픈 역설이다. 가끔 희망을 얻고 자주 무력해지는 부조리한 세상에서, "자넨 아직도 사람을 믿나" 하고 묻던 드라마 속 노인의 목소리가 들리는 듯하다. 하지만 그 질문은 틀렸고 어리석다. 사람에 대한 믿음은 '믿을 수 있어서가 아니라 믿어야 하기 때문'에 선택하는 것이라서다. 의식하든 못하든 발을 딛고 살아가는 모든 기반과 체제, 생활의 순간순간은 이웃과 사회에 대한 호혜와 믿음, 분업과 나눔의 산물이다. 믿든 안 믿든 인간은 서로 기대어야만 생존할 수 있는 존재라는 이야기다. 인간이라면 기본적으로 갖춰야 할 것이라 믿는 '도덕'이란 타고난 신의 선물이 아니라, 생계와 돌봄의 온기가 있는 토양에서만 싹을 틔우는 고차원 생물체다.

사람을 믿는다는 것은, 나와 타인 안에 존재하는 인간다움의 싹을 믿고 서로가 서로에게 이해와 온기의 토양이 되어줄 마음가짐의 문제에 가깝지 않을까 싶다. 진화인류학자이자 심리학·신경과학 분야의 전문가인 브라이언 헤어는 이렇게 주장한다. "사건사고 소식이 넘쳐나지만 진화의 역사를 살펴볼 때 인간만큼 다정하고 협력적인 종이 없으며, 손잡지 않고 살아남은 생명은 없다"고.

나는 자연과 인류를 바라보는 관점에서 이보다 탁월한 통찰은 없다고 생각한다. 인류가 미움에 대한 공포를 갖는 것도 다정함이 더 근원적 욕망이기 때문이 아닐까. 인간인 우리가 매 순간 느끼는 감정과 생각과 행동패턴 모두는 공존을 위해 진화한 것들이라 해도 과언이 아니다. 누군가를 향한 미소나 높고 호탕한 웃음소리도, 타인에게 보이는 눈물이나 집단에서 멀어질 때 느끼는 소외감도, 사랑하는 이들과 나누는 포옹과 설렘, 나를 이해하고 아껴주는 이들에 대한 반가운 마음과 두근거림까지도 말이다.

서로 힘이 되는 작은 돌다리가 되기를

• 에필로그

작년에서 올해 사이 '미움'이라는 감정에 대해 많은 생각을 했다. SNS나 미디어를 통해 전달되는 개인적·사회적 이슈에 사람들이 보이는 폭력성을 접하며 생각도 마음도 크게 혼란스러웠기 때문이다. 인생을 통틀어서 가장 오래, 가장 깊이 이 원초적 감정에 대해 고민한 것 같다.

인터넷상에서 보여지는 모습이나 글 몇 줄만으로 타인의 삶을 쉽게 판단하고 혐오하는 행위를 이해하기 힘들지만, 제법 오랜 시간 교류하던 사람들이 특정 사안에 대해 의견이 다르다는 이유로 전혀 다른 얼굴을 보이는 것도 충격적이었다. 또한 이런 일이 벌어지면 주변인들도 그저 친분이나 이해관계에 따라 부화뇌동하며 집단화되는 군중심리의 일면도 목격하게 되었다.

아무리 온라인이라지만 사람간의 관계가 이토록 사소한 일로 뒤틀릴 수 있다는 것이 안타까웠다. 평소 정치사회적 이슈에는 민감하게 정의의 목소리를 높이던 사람들이 자신들이 가볍게 행하는 집단행동의 잔혹성엔 아무런 문제의식을 갖지 않는 선택적 민감성이나 이중성도 많은 생각을 하게 만들었다.

'펜이 칼보다 강하다'는 표현은 일반적으로 글이 갖는 힘에 대한 칭송이다. 하지만 동시에 멍석말이를 당하는 이들의 혈흔과 눈물이 보이지 않고 고통스런 신음도 들리지 않기에 죄책감 없이 잔인해질 수 있는 무기라는 것을 절감하게 되었다. 화살촉 같은 글과 면도날 같은 말과 지뢰 같은 영상들이 서로를 만신창이로 만들며 다치고 분열된 마음은 더 이상 함께 공생의 길을 닦는 일에 나서기 어렵게 만든다는 것을 깨달은 시간이기도 했다.

오랜 시간 내가 써왔던 글과 말에 대해서 다시 생각하는 계기가 되었다. 5년 여간의 신문칼럼과 10년이 넘는 SNS 공간 속에서 쏟아낸 무수한 글들은 충분히 사려 깊었는지, 누군가의 가슴에 대못을 박거나 상처가 될 만한 언사들은 없었는지 되돌아보았다. 사람은 올바른 이들을 보면서도 배우지만 잘못된 행동을 경험하며 더 많은 것을 깨닫는 존재인 것 같다.

이러한 생각에 몰입한 시기에 책을 준비하게 되었다. 『경향신문』에 게재했던 칼럼들에서 발췌한 내용과 오랜 시간의 사색과 같은 고민을 하는 이들의 지혜를 모았다. 출간을 앞둔 지금, 비슷한 문제의식을 가진 사람들이 나만은 아닌 듯하다. 선정적인 뉴스일수록 화제성이 강해 점차 세상이 흉흉해지는 느낌이지만, 자신의 부족함부터 반성하고 더 나은 방식을 추구하고자 노력하는 이들도 많다는 것을 믿는다. 이 책이 그런 분들과 인연을 맺고 서로 힘이 되는 작은 돌다리가 되기를 바라는 마음이다. 책이 나올 수 있도록 관심 갖고 도움 주신 한길사 김언호 대표님과 편집자분들께도 감사의 마음을 전한다.

지은이 박선화

마음 탐구자.
LG그룹 마케팅 부서에서 브랜드 커뮤니케이션을 담당했고,
한신대학교에 재직하며 사회생활을 위한
커뮤니케이션 강의를 했다.
관심분야가 다양하여
전공과 직무경험도 다양하지만
늘 생각의 귀결점은 개인과 세상과의 관계역동이다.
인간관계와 사회생활의 핵심역량은 소통능력임을 깨달은 이후
관련된 공부를 지속하며 소통과 마음탐구에 관한
글을 쓰고 강의도 하고 있다.
출간한 저서로는 남자와 여자의 심리탐구서인
『남자에겐 보이지 않아』가 있고,
2019~2023년까지 『경향신문』 오피니언 칼럼의
고정 필진으로 활동했다.

공감불능 시대의 마음 탐구
언제부터
사람이
미워졌습니까

지은이 박선화
펴낸이 김언호

펴낸곳 (주)도서출판 한길사
등록 1976년 12월 24일 제74호
주소 10881 경기도 파주시 광인사길 37
홈페이지 www.hangilsa.co.kr
전자우편 hangilsa@hangilsa.co.kr
전화 031-955-2000~3 팩스 031-955-2005

부사장 박관순 총괄이사 김서영
관리이사 곽명호 경영이사 김관영 편집주간 백은숙
편집 배소현 노유연 박홍민 임진영
관리 이주환 문주상 이희문 원선아 이진아
마케팅 이영은
디자인 창포 031-955-2097
인쇄 예림 제책 예림바인딩

제1판 제1쇄 2024년 10월 18일

값 17,000원
ISBN 978-89-356-7883-9 03300